CE QUE MON PÈRE NE M'A JAMAIS DIT

34-36, rue La Pérouse. 75116 Paris
www.hugoetcie.fr
Ouvrage dirigé par Hervé Desinge

Pour la présente édition
Collection Hugo Poche dirigée par Franck Spengler

34-36, rue La Pérouse,
75116 Paris
www.hugoetcie.fr

Merci à Marie Decrême pour son aide précieuse

ISBN : 9782755693348
Dépôt légal : janvier 2022
Imprimé en Espagne par Liberduplex

CE QUE MON PÈRE NE M'A JAMAIS DIT

JUAN PABLO ESCOBAR

Traduit de l'espagnol par Miguel Brines

Hugo Poche

À mon fils Juan Emilio
et à l'humanité,
devant qui je m'engage à continuer
d'être un homme de paix,
pour ne pas leur léguer un héritage
comme celui que j'ai reçu de mon père...
et que son histoire ne se répète pas.

À mon épouse bien-aimée
pour son soutien inconditionnel,
à ma mère, à ma sœur
et à ma grand-mère maternelle,
et à toutes les femmes qui ont fait de moi
un homme meilleur.

SOMMAIRE

PRÉSENTATION

Beaucoup me demandent pourquoi écrire un second livre sur mon père ? N'ai-je pas déjà raconté toutes ses histoires dans *Pablo Escobar, mon père*[1] ? Ma réponse est crue et simple : ce nouveau livre est révélateur et contient des éléments très délicats, jamais racontés à ce jour, qui dévoilent des vérités sur de nombreux faits et jusqu'à présent cachés, dans lesquels il fut directement impliqué.

L'enquête minutieuse que j'ai menée pendant six mois aux quatre coins de la Colombie en compagnie de mon éditeur pour ce nouveau livre m'a conduit à la rencontre de bon nombre de gens et d'histoires qui m'ont permis de prendre mon père en flagrant délit – *in fraganti*.

Ce livre révèle où et avec qui il se trouvait le jour où ses tueurs ont assassiné le ministre de la Justice, Rodrigo Lara Bonilla ; les dessous ignorés de ses rapports avec le groupe rebelle M-19, ou sa

1. Paru en France aux éditions Hugo Doc, 2017.

participation à la séquestration de la sœur de l'un de ses meilleurs amis. Rien n'a été dit jusqu'ici sur sa relation étroite avec Barry Seal, pilote de la CIA et informateur pour la DEA, et l'on savait peu de chose – avant ce livre – sur la façon dont il est devenu immensément riche et sur les moyens qu'il a employés pour y parvenir. Tout aussi déconcertants sont le récit du chef paramilitaire qui gagna la guerre contre mon père et les réflexions du fils de l'un de ses ennemis jurés. J'ai également fini par découvrir ses macabres alliances avec la corruption internationale, ce qui non seulement m'a surpris, mais qui m'a aussi – je l'avoue – fait craindre de les rendre publiques.

Ce livre fait partie d'un exercice très personnel, profond et sincère qui a pour seule ambition de raconter une histoire afin que personne ne la reproduise. Je veux partager mes expériences de vie aux côtés de mon père, Pablo Escobar, et les profondes blessures qui m'ont poussé à choisir de ne pas devenir comme lui. C'est aussi un exercice qui prouve que la paix et la réconciliation ne sont pas des utopies. J'espère sincèrement que vous pourrez apprendre de mon histoire, de mes erreurs et de celles de mon père. Je propose donc ces pages comme ma contribution à la vérité et à la réparation symbolique de ceux qui furent victimes des crimes de Pablo Escobar.

Je n'ai pas d'arrière-pensées, je ne cherche ni revanche ni vengeance, je ne veux pas mettre les victimes de mon père dans l'embarras ni constituer une menace pour ceux qui commettent encore des délits, tapis au cœur du pouvoir. Je veux simplement raconter des histoires et contribuer, d'une certaine manière, à établir la vérité sur une époque qui a marqué pour toujours un pays et un continent.

Le 2 décembre 1993, à 15 h 30, je menaçais la Colombie tout entière : « Moi seul je vais tous les tuer, ces fils de putes. » J'étais plein de douleur. Mon père était mort et je n'étais qu'un adolescent qui ne savait pas ce qu'il disait. Je me suis alors trouvé face au plus grand croisement de ma vie : soit je suivais les voies de la rancœur et du sang qu'avait empruntées mon père, soit je me rétractais et m'engageais à être irréprochable. Je vivais sous les balles, et pourtant j'ai choisi la paix. Et cela fait vingt-trois ans que je respecte ma promesse au quotidien. Je peux dire aujourd'hui que le droit à une seconde chance est une réalité qui se rapproche peu à peu : parce que je suis dépositaire d'une histoire dont je ne me sens pas fier, mais qui revêt un caractère universel, et que cela m'a mené aux confins du monde pour provoquer une prise de conscience et inviter à ce que cette histoire ne se répète pas. Les histoires de mon père doivent se raconter avec un grand sens de la responsabilité.

Je suis architecte. Par mon métier, j'ai appris à rêver, à dessiner, à reconstruire et à me réinventer en tant qu'homme aux principes solides. C'est ce que je souhaite apprendre à mon fils, car même s'il nous a fallu reconstruire une vie à partir de ruines, la volonté d'avancer et de vivre était suffisamment grande pour que nous puissions y parvenir. Et nous voilà, assumant une obligation que la vie s'est chargée d'imposer au fils, au père et à l'homme que je suis.

Je remercie les ennemis de mon père, pour lesquels je n'ai pas de rancune puisqu'ils ne m'ont laissé en poche que l'absolue nécessité de gagner ma vie légalement. Je suis aujourd'hui immensément riche parce que je peux regarder mon fils, jouer avec lui et lui raconter des histoires. Je suis vivant, je suis libre et je suis toujours entouré d'une famille aimante qui demeure unie dans les moments de joie comme dans l'adversité. Voilà ma fortune.

À quoi bon avoir une grande demeure si personne ne t'y attend ? Quel sens y a-t-il à avoir construit un tel empire si à la fin tout est détruit, y compris la famille ? À quoi cela servait-il d'avoir tellement d'argent caché si nous ne pouvions même pas sortir acheter un peu de riz pour apaiser notre faim ? À quoi bon soumettre le pays à la terreur si, en le faisant, il poussait sa propre famille dans le précipice ? Mon père n'a jamais vu les choses comme cela. Sa vie a pris fin et avec elle sa fortune, puisqu'elle ne fut jamais utilisée, pas même en réparation aux victimes.

J'ai grandi dans un foyer débordant d'amour. Et si mon père était un voyou dur et insensible, pour nous, il était un père aimant qui chantait pour sa fille et aimait jouer avec moi. Malgré cela, il n'a pas vécu les moments de bonheur les plus importants de sa vie aux côtés de la famille qu'il protégeait tant. Il n'a pas vu grandir ses enfants. Il n'a pas connu ses petits-enfants. Il n'a pas vieilli aux côtés de ma mère.

Juan Pablo Escobar

CHAPITRE 1

Sur les traces de Barry Seal

« Juan Pablo, merci beaucoup de me laisser t'envoyer un message privé. Je m'appelle Aaron Seal et mon père était Barry Seal. Je suis sûr que tu connais ce nom aussi bien que je connais celui de ton père. J'ai lu que tu avais cherché à te réconcilier avec des personnes du passé de ton père et cela fait de toi un grand homme. J'ai pris contact avec ceux qui ont appuyé sur la détente et tué mon père et je leur ai dit que je leur avais pardonné.

Je veux simplement que tu saches que cela fait bien longtemps que j'ai pardonné à ton père d'avoir – dit-on – financé l'assassinat du mien. Je me rapproche de toi pour te demander humblement de pardonner à mon père d'avoir été disposé à témoigner contre ton père et ses associés. Mon père ne faisait qu'essayer de sauver sa peau et, finalement, il en a payé le prix ultime. Je veux simplement que tu saches qu'il n'y a pas de ressentiment de ma part ni de celle de ma mère. Juan, mieux que quiconque, je peux comprendre combien ta vie a été difficile. Mon chemin a lui aussi été tortueux, mais le Seigneur a été mon rocher. Je ne m'offenserais pas si tu décidais de ne pas me répondre. Que Dieu te bénisse. Aaron. »

Le matin du 25 juillet 2016, alors que je parcourais au hasard les nombreux messages que je reçois sur les réseaux sociaux, je tombai tout à coup sur un nom qui m'interpellait. J'eus alors la très bonne surprise de lire les réflexions pleines de sens du jeune Aaron Seal, et la première chose qui me vint à l'esprit fut de le contacter.

Comment ne pas parler avec Aaron alors que son père, Adler Berriman Seal, fut assassiné sur ordre de mon père pour se venger après qu'en 1984 il eut pris plusieurs photographies où l'on voit mon père et Gonzalo Rodríguez Gacha, *El Mexicano*[2], aider à charger de la cocaïne dans un petit avion sur une piste d'atterrissage au Nicaragua ? Ces images constituent la seule preuve existante à ce jour qui lie directement mon père au trafic de stupéfiants.

Adler Berriman Seal, qui préférait se faire appeler Barry Seal, était un jeune pilote américain reconnu qui travaillait pour plusieurs compagnies aériennes et qui eut l'audace d'être tout à la fois agent infiltré de la CIA, informateur de la DEA et pilote de mon

2. Le Mexicain, *ndt.*

père au début des années quatre-vingt, pendant l'époque dorée du cartel de Medellín.

À vingt-quatre ans, Seal était le plus jeune pilote des États-Unis à voler en solitaire pour la compagnie TWA. Il était si audacieux qu'il devint membre actif de la Civil Air Patrol, organisation créée en 1930 par des aviateurs civils qui proposaient leurs services pour défendre bénévolement le territoire national des États-Unis, y compris à bord de leurs propres avions. Cette entité fut rattachée au Département de la Guerre sous la juridiction de la Army Air Corps, les forces armées aériennes de l'armée de terre, avant qu'en 1943 le président Harry Truman ne l'intègre définitivement à l'armée de l'air des États-Unis, l'US Air Force.

Après plusieurs années comme pilote de ligne, Seal aida la CIA sur certains vols clandestins qui entraient aux États-Unis chargés d'héroïne pour financer différents conflits dans le monde, principalement à travers des opérations anti-communistes. Mais très vite son ambition le mena en prison : il fut arrêté en 1979 au Honduras, accusé de trafic de drogue. Il resta neuf mois dans une prison de Tegucigalpa, où il fit la connaissance du pilote colombien William Rodríguez, qui lui proposa de travailler pour le cartel de Medellín. Une fois libre, Seal se distingua comme pilote de ses propres avions – il possédait quatre DC-10 qu'il aimait appeler la

« Marijuana Air Force » – et de ceux de mon père, et il se faisait remarquer par son audace lors des transports de coke en avion de Colombie jusqu'au sud de la Floride. Dans le cercle le plus intime du cartel, il était connu sous le nom de « Mackenzie ».

Une anecdote confirme les relations chaleureuses qu'entretenaient mon père et Seal : un jour, mon père me demanda de venir avec lui voir ce qu'il annonçait comme l'atterrissage spectaculaire d'un « gringo fou » sur la piste de la propriété de Nápoles. Celle-ci ne mesurait que 900 mètres de long, alors que l'atterrissage d'un avion de type Douglas DC-3 en requiert 1 200. L'appareil arrivait rempli d'animaux pour le parc zoologique de la propriété.

Nous nous sommes mis en place sur le bord de la piste, et soudain est apparu dans le ciel un énorme appareil qui se précipitait vers le sol comme s'il allait s'écraser, avant de toucher terre dans un mouvement brusque et de glisser le long de cette piste qui semblait bien trop courte. Nous pouvions voir les freins virer au rouge vif quand, tout à coup, le pilote fit tourner l'avion sur sa roue arrière, évitant ainsi de chuter dans le vide. Une fois l'aéronef arrêté au milieu d'un grand nuage de poussière, un gros homme ouvrit la porte, descendit de l'avion et vint, souriant, saluer mon père. Le « gringo fou » auteur de ce spectaculaire atterrissage était Barry Seal. Je suis certain que mon père l'apprécia encore plus ce jour-là, pour son audace lors de cette dangereuse opération au cours de laquelle, qui plus est, aucun animal n'avait été blessé.

Seal reçut une importante somme d'argent pour cette aventure et il rentra chez lui avec un cadeau assez exotique que seul mon père pouvait lui offrir : le petit d'un ara bleu, originaire du Brésil, lové dans une boîte à chaussures. Lors d'un voyage au Brésil, en 1982, à peine élu à la Chambre des représentants, mon père avait rapporté illégalement un bel ara bleu. Curieusement, mon père avait fait ce voyage dans un avion Lear Jet identique à celui que possédait Seal aux États-Unis.

D'après ce que l'on m'a raconté de Seal, il est facile de comprendre pourquoi il avait gagné l'affection de mon père : parce qu'il était capable de tout et parce qu'il fut, d'une certaine manière, le précurseur de plusieurs méthodes pour faire entrer drogues et armes au cœur même des États-Unis. Il avait par exemple imaginé un système selon lequel un pilote, seul, larguait la charge dans le vide, attachée à un parachute et équipée d'un émetteur, permettant à un hélicoptère de la récupérer en vol. Puis, avec une précision millimétrique, l'hélicoptère déposait la charge sur un camion qui circulait à vitesse réduite. La même opération pouvait aboutir à un lancement dans un marais et à une récupération de la cargaison avec un aéroglisseur. Ou encore en mer, où Ellie Mackenzie – dont nous parlerons plus loin – la récupérait dans son bateau de pêche. En plus de ces stratagèmes, Seal avait un lieu favori pour atterrir avec les chargements de la lointaine Colombie : Summer Field Road, une piste d'atterrissage à Port Vincent, dans l'État de Louisiane.

Mais la carrière météorique de Seal allait être interrompue par l'agence antidrogue des États-Unis, la DEA, qui l'arrêta, au début de l'année 1984, à Miami pour blanchiment d'argent et contrebande de quaalude, ou de méthaqualone, deux puissants sédatifs aux propriétés hypnotiques que les jeunes utilisaient alors comme une drogue récréative. D'après ce que me raconta Aaron, le chargement pour lequel son père avait été arrêté n'était pas du quaalude mais du sucre. Ce qui est vrai, c'est que Seal avait découvert qu'il avait été victime d'une arnaque, et quand il avait voulu se défaire de la marchandise, un de ses amis lui avait dit qu'il pourrait écouler les cachets dans certaines boîtes de nuit de Miami. Il sera finalement mis en examen pour conspiration. Face à la perspective de passer plusieurs années en prison, Seal n'eut d'autre option que d'arriver à un accord avec la justice pour dénoncer ses partenaires colombiens.

Les débuts de la collaboration de Seal avec la DEA remontent à un premier épisode qu'on ne découvre que maintenant. Seal avait pensé proposer aux chefs du cartel de Medellín de les cacher chez lui, à Bâton-Rouge, en Louisiane, arguant du fait qu'ils seraient plus en sécurité sur le territoire des États-Unis qu'en dehors. Cette initiative audacieuse prévoyait aussi le transport dans son propre avion. Seal fit sa proposition lors d'un sommet mafieux à Panama City et, au début, l'idée paraissait tellement logique que plusieurs chefs l'envisagèrent sérieusement. Pourtant, l'épouse de l'un des boss – dont je ne suis pas autorisé à révéler le nom – sentait que Seal était en train de leur tendre un piège. Elle avait raison et on saura longtemps après qu'en réalité Seal prévoyait de transporter tout le cartel en un seul vol et de livrer les chefs pour respecter sa partie du pacte avec la DEA. La vérité est qu'elle n'avait jamais aimé « Mackenzie » et les doutes qu'elle avait à son sujet ont fini par enterrer cette idée de cacher les barons de la drogue aux États-Unis.

Dès lors, les agents secrets américains se concentreraient sur mon père et *El Mexicano*, dont ils suivirent la piste jusqu'au Nicaragua, où ils rencontraient des contacts du régime sandiniste pour organiser l'envoi de cocaïne depuis le sol nicaraguayen vers les côtes du sud de la Floride.

C'est ainsi que les Américains décidèrent d'organiser cette opération téméraire dans laquelle Seal devait piloter un avion équipé d'un puissant appareil photo dissimulé dans le fuselage. L'idée était de prouver les liens entre le régime sandiniste du Nicaragua et la mafia colombienne. Voici l'histoire complète de cette opération : les agents secrets et

Seal étaient arrivés à la conclusion que la façon la plus crédible de mener l'opération était de vendre un avion militaire à mon père. Mais le problème était qu'il n'existait pas de catalogue pour ce genre d'appareils, qui n'étaient donc pas facilement commercialisables. Ils décidèrent alors d'en faire des photos et de publier une annonce dans une revue spécialisée. Mon père mordit à l'hameçon et, lorsque Seal lui montra la petite annonce, il lui demanda de l'acheter parce que c'était le type d'avion dont ils avaient besoin pour trafiquer depuis le Nicaragua.

Lorsqu'il reçut le puissant turbo hélice C-123, Seal le baptisa « The Fat Lady » – la grosse dame – et il dut réparer la rampe d'accès, qui ne descendait pas bien. Puis un technicien envoyé par la CIA vint installer l'appareil photo dans une cache en haut à droite de l'entrée arrière de l'avion. Mais il y avait un grave inconvénient : la télécommande était très rudimentaire et l'obturateur de l'appareil faisait un clic très bruyant en se déclenchant. Du coup, la seule façon d'éviter que mon père et tous ceux qui étaient là ne découvrent le stratagème était de laisser les moteurs de l'aéronef allumés.

Ainsi, dans la nuit du 25 mai 1984, Seal atterrit et ordonna à son copilote de pousser les moteurs à fond pendant qu'il attendait le moment opportun pour prendre les clichés. Dérangé par le bruit, mon père demanda à Seal d'éteindre les moteurs, mais ce dernier lui répondit qu'il ne pouvait pas le faire en raison de quelques ennuis techniques qui pourraient rendre le départ périlleux. Mon père accepta l'explication.

Finalement, Barry Seal prit en cachette des photographies de l'instant précis où mon père, *El Mexicano*, et Federico Vaughan, un fonctionnaire de haut rang du ministère de l'Intérieur du Nicaragua, aidaient quelques soldats nicaraguayens à charger quatre valises remplies de 600 kilogrammes de cocaïne dans l'avion. C'était le premier chargement qu'ils envoyaient depuis la piste d'atterrissage du petit aéroport de Los Brasiles, situé non loin de la capitale Managua. Cette nuit-là, Seal atterrissait sur la piste de la base aérienne de Homestead, dans l'extrême sud de la Floride.

À cette époque, mon père et *El Mexicano* fuyaient la justice colombienne, qui les recherchait pour l'assassinat du ministre de la Justice, Rodrigo Lara Bonilla, survenu le 30 avril 1984.

La séquence où apparaissent mon père et *El Mexicano* fut publiée dans différents journaux aux États-Unis à la mi-juillet de cette année-là. Le document graphique était incontestable. Ils avaient pris mon père la main dans le sac. Barry Seal l'avait trahi et cela allait lui coûter la vie.

La parution des photographies dans les médias eut un double effet : attirer la lumière sur mon père et *El Mexicano* et révéler les liens entre le régime sandiniste et la mafia colombienne. Après ce scandale, la présence de mon père et de son partenaire au Nicaragua n'était plus tenable et ils rentrèrent en Colombie deux semaines plus tard.

J'ai appris, au cours de mes recherches pour rédiger ce chapitre, que mon père avait décidé d'en finir au plus vite avec la vie de Seal et qu'il avait appelé à cette fin plusieurs de ses contacts aux États-Unis.

Le premier à recevoir la commande de l'élimination de Seal fut Max Mermelstein, un ingénieur mécanique de Brooklyn, à New York. Il travaillait également pour le cartel et jouissait d'une très bonne réputation, méritée, pour avoir fait entrer au fil des années 56 tonnes de cocaïne aux États-Unis, ce qui représente des bénéfices de près de 300 millions de dollars. Mermelstein avait intégré l'organisation de mon père à la fin des années soixante-dix, introduit par Rafael Cardona, alias *Rafico*, un de ses hommes de confiance aux États-Unis.

Mais, le matin du 5 juin 1985, alors que l'organisation du complot contre Seal selon les instructions de mon père avançait, Mermelstein fut arrêté au volant de sa luxueuse Jaguar. Au début, il était tranquille, pensant qu'il suffirait de quelques jours au cartel de Medellín pour payer sa caution et prendre sa famille en charge, tel que convenu depuis son entrée au service de l'organisation de mon père à la fin des années soixante-dix. Mais ce ne fut pas le cas. *Rafico* commit l'erreur de ne pas payer la caution de 550 000 dollars fixée par le juge. Au contraire, il menaça Mermelstein pour éviter qu'il ne témoigne contre lui et ses associés.

Cela n'avait jamais traversé l'esprit de Mermelstein de témoigner contre mon père et ses associés, puisqu'il n'était poursuivi que pour la découverte de 250 000 dollars sous un lit lors de la perquisition de sa maison ; délit a priori facile à défendre. Mais face au comportement de *Rafico*, Mermelstein prit peur pour sa vie et celle de sa famille et n'eut d'autre choix que de devenir l'un des informateurs les plus précieux et les plus coûteux de l'histoire des États-Unis. Et c'est ainsi que le Bureau de protection des témoins du département de la Justice proposa de protéger 31 membres de sa famille, dont 16 acceptèrent.

Devant la Cour, Mermelstein révéla l'existence du complot pour exécuter Seal, tout en précisant qu'il avait retardé le plan délibérément. D'après les ordres de mon père, il devait être assassiné par une ou plusieurs personnes, mais des Américains, car il ne voulait pas que l'on puisse établir un lien entre ce crime et le cartel de Medellín si les tueurs étaient pris.

Dans son livre *The Man Who Made It Snow*[3], Mermelstein écrit qu'il n'a jamais voulu tuer Seal parce que lui, ce qu'il aimait, c'était trafiquer, pas tuer. Et il ajoute qu'il savait que s'il ne parvenait pas à accomplir cette délicate mission, il le paierait de sa vie.

Mermelstein y révèle que, dans le but d'assassiner Seal, il avait contacté un certain Jon Pernell Roberts, qui par le passé s'était vanté de ses liens avec la mafia locale. C'était, dit-il, sans aucun doute la personne indiquée pour ce « travail ». À son tour, Pernell mit en contact Mermelstein et Reed Barton – deux vieilles connaissances, puisque l'un louait des voitures à l'autre pour transporter la cocaïne – et ils se rendirent plusieurs fois à Bâton-Rouge pour effectuer des repérages et des surveillances des lieux fréquentés par Seal. Mais ils ne le trouvèrent pas. La tentative avait échoué.

Pour relancer le projet criminel contre Seal, mon père envoya un pilote surnommé *Cano*, qui avait accompli plusieurs voyages en territoire colombien avec Seal dans le cadre du trafic, pour rencontrer Mermelstein. *Cano* connaissait bien l'endroit où vivait Seal, ses habitudes, son restaurant préféré, et même son lieu de travail. Ces informations rapportées par *Cano* furent écrites sur des petits

---

3. *L'homme qui faisait pleuvoir la coca* (publié en avril 1990), jamais publié en français, *ndt.*

bouts de papier qui finirent dans le portefeuille de Mermelstein, provoquant sa panique à l'idée, certaine, d'être accusé si Seal était assassiné.

La possibilité d'être tenu pour responsable d'un crime qu'il n'avait pas commis le tourmenta à un point tel que Mermelstein prit le risque d'appeler *Rafico* à Medellín depuis sa prison aux États-Unis. Il lui cria de « laisser Barry Seal en paix », mais il reçut pour seule réponse que l'ordre avait déjà été donné par mon père et qu'il n'y avait plus de retour en arrière possible. Après cette discussion chaotique avec *Rafico*, Mermelstein se sentit lui aussi dans la peau d'un homme mort, parce que l'individu avec lequel il venait de s'entretenir par téléphone l'avait traité avec un inquiétant mélange d'indifférence et de mépris, alors qu'il le considérait comme son ami et qu'ils avaient fait gagner ensemble beaucoup d'argent au cartel de mon père.

C'est pour cette raison, et plus effrayé que jamais, que Mermelstein[4] appela son avocat et lui

4. J'ai appris l'existence de Max Mermelstein le jour où j'ai vu mon père l'air inquiet aux côtés de Fidel Castaño, Francisco *Kiko* Moncada et Fernando Galeano. Chacun d'entre eux avait un exemplaire du livre *The Man Who Made It Snow*, les pages marquées et annotées. Nous étions alors cachés dans une planque appelée La Isla, sur le lac El Peñol, dans le département d'Antioquia. À cette époque, le cartel avait déjà connu sa première perte majeure : Gonzalo Rodríguez, *El Mexicano,* abattu par la police, le 15 décembre 1989.

donna une unique instruction : « Trouve le meilleur accord possible pour moi. » Son conseil lui recommanda d'attendre un peu parce que les charges retenues contre lui n'étaient pas très lourdes. Mais on sentait bien que les autorités avaient intérêt à éviter sa libération, à tel point qu'un juge de Los Angeles augmenta du jour au lendemain le montant de la caution de 550 000 dollars à 2 millions de dollars.

Entre-temps, puisque la mission de Mermelstein avait échoué avec son arrestation, mon père décida de maintenir son offre pour la tête de Seal : un million de dollars pour qui le livrerait vivant à Medellín, ou un demi-million pour son assassinat. La seule chose qui lui importait était que Seal meure. Il confia cette mission à *Cuchilla*, également connu sous le pseudonyme de *Pasarela*, et dont le véritable nom était Guillermo Zuluaga. Il s'agissait d'un délinquant originaire de La Estrella, membre fondateur du club de football Envigado Fútbol Club.

Pour procéder au meurtre de Seal, *Cuchilla* recruta Luis Carlos Quintero Cruz, Bernardo Antonio Vásquez et Miguel Vélez, alias *Cumbamba*. Les deux premiers entrèrent clandestinement aux États-Unis par la frontière mexicaine. *Cumbamba* vivait quant à lui déjà à Miami, où il travaillait pour la narcotrafiquante Griselda Blanco et son mari Darío Sepúlveda.

Barry Seal fut finalement assassiné à dix-huit heures, le 19 février 1986, par les hommes envoyés par mon père sur le parking d'un établissement de l'Armée du Salut alors qu'il s'apprêtait à garer sa Cadillac blanche modèle 1979. Luis Carlos Quintero tira une rafale de pistolet-mitrailleur Ingram Mac-10 calibre 45 équipé d'un silencieux. Quatre balles touchèrent Seal, qui se trouvait sur le siège conducteur. Il mourut sur le coup. Des taches de sang maculèrent la Bible qu'il conservait en permanence sur son tableau de bord.

Mais le crime n'allait pas rester impuni. Les autorités de Louisiane organisèrent un immense déploiement policier et parvinrent à mettre la main sur les protagonistes. Deux d'entre eux furent arrêtés par le FBI à l'aéroport, tandis que le troisième joua de malchance alors qu'il prenait la fuite vers la Floride en taxi. Son idée était d'atteindre l'aéroport de Miami pour fuir vers la Colombie, mais un cerf vint mourir sur le capot de la voiture en traversant la route et le chauffeur dut appeler les autorités chargées de la protection animale. Or l'alerte avait déjà été lancée et le suspect, qui correspondait à l'avis de recherche d'un homme aux traits hispaniques, fut identifié presque immédiatement.

Dans le cadre du tournage à Medellín du film *Barry Seal : American Traffic* – une superproduction américaine avec le célèbre acteur Tom Cruise – qui retrace la vie et l'œuvre de Seal, le journal *El Tiempo* publiait, le 20 septembre 2015 : « Le 13 mai 1986, un jury de Louisiane évitait la chaise électrique pour les trois tueurs en les condamnant à la prison à perpétuité. Vélez mourra à 66 ans dans le pénitencier d'Angola, en Louisiane. Quintero Cruz et Vásquez resteront incarcérés au centre correctionnel David Wade jusqu'à leur mort. »

Max Mermelstein fut l'un des principaux témoins à charge lors du procès des trois accusés, et son témoignage se révéla décisif puisqu'il déclara qu'ils avaient essayé la mitrailleuse Ingram, avec laquelle ils avaient assassiné Seal quelque temps avant chez lui. Les experts en balistique retrouvèrent des impacts de balles correspondants à l'arme dans un mur.

Le 25 mai 2015, près de trente ans après l'homicide, Debbie, la veuve de Seal, se rappelait dans un entretien accordé au journal anglais le *Daily Mail* de ce jour où un ami l'appela pour l'informer de la mort de son époux : « J'ai pris mes enfants et je suis partie en voiture vers là-bas… je suis restée coincée dans un embouteillage, alors je me suis arrêtée à une cabine téléphonique et je leur ai dit : "Je ne sais pas dans quel hôpital je dois me rendre." Ils m'ont alors répondu : “Debbie, rentre chez toi. Il ne va pas aller à l’hôpital.” J’ai dit à mes enfants que leur père était mort. Je les ai ramenés à la maison. Puis je suis allée dans la cuisine et j’ai pleuré. »

La veuve de Seal a déclaré publiquement à plusieurs reprises que, même si mon père et *El Mexicano* souhaitaient voir son mari mort, ce dernier était au courant de nombreux péchés de la CIA et de certains politiques, ainsi que des activités de trafic de drogue tolérées pour financer les opérations des *Contras*, au Nicaragua. Seal connaissait également les secrets du scandale « Iran-Contra », qui impliquait le colonel Oliver North dans la vente illégale d’armes à l’Iran pour financer la lutte anti-communiste au Nicaragua. Curieusement, le FBI a retrouvé sur le cadavre de Seal le numéro de téléphone de George Bush, à cette époque vice-président des États-Unis, chargé de la guerre contre la drogue décidée par le président Reagan. La confirmation du niveau de connexion extrêmement élevé des accointances de Seal.

La naïveté dont les autorités américaines de l’époque ont fait preuve dans la protection de Seal est surprenante. La dangerosité de mon père était alors connue, depuis l’assassinat en Colombie du ministre de la Justice Rodrigo Lara Bonilla, dont on savait déjà qu’il en avait été le commanditaire. Dans ce contexte, il semble évident que le fait que Seal se soit retrouvé seul, devenant ainsi une proie facile, convenait à beaucoup de monde. Le cartel de Medellín ne serait pas le seul à tirer avantage de la mort de Seal. Les mouvements de l'agent infiltré du FBI et informateur de la DEA étaient clairement limités par le juge Frank Polazola, qui l'avait assigné tous les jours de 18 heures à 6 heures du matin à résidence dans les locaux de l'Armée du Salut, où il trouverait finalement la mort. En dépit du danger imminent qui le guettait, non seulement le juge avait interdit à Seal de recruter des gardes du corps à ses frais, mais aussi averti Seal qu'il l'enverrait en prison si on le surprenait avec une arme.

On peut lire sur la tombe d'Adler Berriman Seal l'épitaphe qu'il avait lui-même demandé à sa femme de faire graver le moment venu : « *Un aventurier rebelle de l'envergure de ceux qui, par le passé, ont donné sa grandeur à l'Amérique.* »

Barry Seal fut assassiné cinq jours avant mon anniversaire. C'est l'une des raisons pour lesquelles, trois décennies après ce terrible événement, ma rencontre avec son fils Aaron était devenue si importante pour moi. Je répondis à son message inattendu.

« Bonjour Aaron,

J'ai été très surpris par tes aimables paroles et ton message. Je sais que tu parles avec le cœur, je le sens, et je veux que tu saches que je ne suis pas fier, tant s'en faut, des crimes perpétrés par mon père. Je suis profondément désolé pour ta perte et tes souffrances. Je te demande pardon, moi aussi, au nom de mon père. Je fais de mon mieux pour informer et inspirer les jeunes en leur expliquant que la vie de mon père n'a fait que nous montrer la voie à ne pas suivre.

J'aimerais vraiment mieux te connaître. Je crois que la paix n'est pas un rêve impossible et que nous avons beaucoup à partager. Nous avons beaucoup à apprendre l'un de l'autre et de nos pères. J'aimerais te rencontrer en personne. Penses-tu que cela soit possible ?

Je ne peux pas me rendre aux États-Unis parce que je n'ai pas de visa. Mais n'importe où ailleurs dans le monde, si tu le souhaites. Sebastián. »

Nous avons échangé quelques messages avec Aaron et avons convenu d'une visio-conférence que nous filmerions, convaincus que notre échange pourrait avoir un effet terriblement positif. Voici la transcription de notre conversation, traduite de l'anglais :

Aaron Seal : Bonjour.

Juan Pablo Escobar : Bonjour Aaron, Comment vas-tu ? C'est très important pour moi que nous parlions, que nous ayons pris contact.

A.S. : C'est très important pour moi aussi.

J.P.E. : Tu as quel âge ?

A.S. : Je pense que j'ai quelques mois de plus que toi. Je suis né en octobre 1976 et je crois que tu es de février 1977.

J.P.E. : Raconte-moi, as-tu eu la possibilité de bien connaître ton père ? Tu as pu passer du temps avec lui ?

A.S. : J'avais neuf ans quand ils l'ont tué. Je n'ai pas eu beaucoup de temps à passer avec lui, mais c'était bien.

J.P.E. : Et tu avais une bonne relation avec lui ?

A.S. : Oui, avant qu'on le tue, oui. C'était un homme bon, bon avec sa famille. J'ai un frère de quinze mois mon aîné et une sœur qui a trois ans de moins que moi. Mon père a aussi eu deux enfants d'un précédent mariage, qui ont environ quarante-cinq ans. Je n'ai jamais eu de relation avec ma demi-sœur. Et mes rapports avec mon demi-frère sont difficiles.

J.P.E. : Moi j'ai une petite sœur. Elle a trente-deux ans. Elle et ma mère vont bien, grâce à Dieu. Tu sais bien ce qu'est une guerre et les conséquences que cela peut avoir. C'est vraiment un miracle que nous soyons encore tous en vie.

A.S. : Oui, Amen.

J.P.E. : Oui, la guerre fut très dure, et nous ne voulons pas que cela se reproduise. Nous ne voulons pas suivre les pas de mon père.

A.S. : Moi, j'ai suivi ceux du mien pendant longtemps. Bon, sans aller aussi loin que lui, mais j'ai suivi ses pas à bien des égards. Je suis entré dans le trafic de drogue. Je descendais jusqu'au Mexique et je rapportais des drogues. Ou des médicaments à prescription restreinte, par exemple. Puis j'ai plongé dans l'abus de drogues, et j'ai combattu mes addictions pendant de nombreuses années. Et le Seigneur m'a sauvé. Je suis aujourd'hui ministre du Culte et je suis marié depuis quatre ans et demi. J'ai fini par trouver une femme qui me supporte.

J.P.E. : Moi, cela fait treize ans que je suis marié, mais nous vivons ensemble depuis vingt-quatre ans déjà. J'ai un fils, Juan Emilio, de trois ans et demi. Nous avons beaucoup attendu avant de nous décider à avoir des enfants, parce que nous ressentions une énorme responsabilité. Nous pensions à ce que serait son avenir, qui était incertain. Finalement Dieu nous a offert un magnifique cadeau : cet enfant si gentil, intelligent et en bonne santé. Aaron, comment va ta mère ?

A.S. : Si je te disais qu'elle va bien, je mentirais. Elle est vivante, elle se porte bien, mais émotionnellement, il lui arrive de s'effondrer. Elle n'a jamais pu se remettre du passé, et pas seulement de la mort de mon père, mais aussi de sa vie avec lui. Elle n'a jamais pu dépasser ça, pour être honnête avec toi.

J.P.E. : Pourrais-tu lui demander pardon de la part de ma famille pour la mort de son mari ?

A.S. : Elle n'éprouve de haine pour personne, c'est juste qu'elle n'a pas pu effacer cette douleur avec laquelle elle doit vivre. Ce n'est pas simplement la mort de mon père, c'est tout ce qui l'oppressait de cette vie, fuir la police, etc. Elle ne s'en est jamais vraiment remise. Ma mère et moi avons pu entrer en contact avec deux des assassins de mon père. Nous leur avons dit que nous n'avions pas de ressentiment envers eux, que ce n'était pas leur faute, que mon père faisait ses propres choix dans la vie. Quand je parle de cela, les gens me demandent comment je peux pardonner à ceux qui ont tiré sur mon père. Et je leur dis : "Vous voyez, en réalité, ces hommes qui ont tiré sur mon père ne l'ont pas tué. Ce sont ses péchés qui l'ont tué, de bien des façons, la cupidité, par exemple." Pour nous, mon père était seul responsable de ses décisions et de sa vie. Nous l'aimons et il nous manque, mais, et je parle pour ma mère et moi, c'est comme ça que l'on voit les choses. Je ne sais pas ce que les autres en pensent.

J.P.E. : Je ne trouve pas le bon mot en anglais, mais je crois que cette façon de penser t'a apporté la paix.

A.S. : En effet, dans mon ministère, lorsque quelqu'un me dit qu'il ne veut pas pardonner à quelqu'un d'autre, je lui réponds que c'est à lui-même qu'il fait mal en agissant ainsi, pas à celui qui l'a blessé. Je lui dis : tu penses que tu lui fais mal, mais tu ne fais que te blesser toi-même.

J.P.E. : Je suis tout à fait d'accord avec toi. Je voulais savoir si je pouvais t'envoyer un exemplaire du livre que j'ai publié sur mon père, *Pablo Escobar, mon père* ?

A.S. : Bien sûr ! C'est justement grâce à ce livre que je t'ai trouvé.

J.P.E. : J'ai écrit ce livre dans la douleur, mais sans haine envers personne. J'ai un engagement de vérité, par rapport à ce qu'il s'est passé, pour écrire sur les leçons de vie de mon père, qu'évidemment je n'ai pas suivies. Je n'ai pas écrit ce livre avec l'intention de justifier ses actes violents. Si nous essayons de cacher ce que nous savons et d'échapper à notre passé, nous n'avons rien à apprendre au sein de la société. On voit en ce moment beaucoup de séries à la télévision sur la vie de mon père, et c'est en train de provoquer un changement dans la société. Les jeunes rêvent aujourd'hui de devenir trafiquants de drogue parce qu'ils ne peuvent voir que la partie qu'on leur montre. Ils croient que tout n'est qu'une grande fête, mais ce n'est pas la réalité, ce n'est pas ce que l'on a vécu ou ressenti. Ce qu'il se passe, c'est qu'ils sont en train de faire de mon père une sorte de super-héros du monde souterrain.

A.S. : C'est ça. Je ne sais pas si tu es au courant qu'ils sont en train de tourner un second film sur mon père. Ça va s'appeler *Mena*[5]. Des gens de la production m'ont dit qu'une de tes tantes paternelles

---

5. Finalement intitulé *American Made*, et *Barry Seal : American Traffic* dans la version française, *ndt*.

leur avait demandé de transmettre un message à ma mère.

J.P.E. : Je n'ai aucune relation avec la famille de mon père. C'est un point que tu pourras mieux comprendre en lisant mon livre. J'ai découvert après la mort de mon père qu'il avait été trahi par sa famille. Tu peux toujours imaginer une trahison de n'importe qui d'extérieur à la famille, mais jamais qu'elle vienne de l'intérieur.

A.S. : J'ai vécu des choses semblables. Beaucoup de ceux qui aidaient financièrement mon père, y compris des membres de la famille, nous ont abandonnés à la seconde où il est mort et ont essayé de récupérer ce qu'il restait. Nous étions seuls, ma mère et ses trois jeunes enfants. Personne n'est venu nous rendre ce qu'ils nous devaient, au contraire, ils ont tout pris jusqu'à ce qu'il ne reste plus rien. Je comprends ce que tu me dis. Ma demi-sœur m'a même fait un procès parce que nous avions été rémunérés en tant que conseillers sur le tournage du film. Mon père est un personnage public et ils voulaient juste connaître des détails de sa vie, sur sa vie de famille, par exemple. Elle a donc intenté un procès contre nous parce que nous avions touché de l'argent pour ce rôle de conseil sur l'histoire de mon père. La dernière fois que j'ai vu ma demi-sœur, c'était à l'enterrement de mon père. Elle veut une partie de cet argent. Tu vois, trente ans après la mort de mon père, j'ai encore des problèmes avec les membres de ma famille. Quand on était ensemble, il y avait prétendument beaucoup d'amour entre nous tous. Mais tout a disparu quand mon père est mort.

J.P.E. : Autre chose, tu savais que ton père était connu sous le nom de « Mackenzie », dans le cartel de Medellín ?

A.S. : Oui, bien sûr. Cet alias lui venait d'Ellie Mackenzie, un homme afro-américain, capitaine d'un crevettier que mon père utilisait pour ses opérations aux États-Unis. Il se chargeait de récupérer les ballots que mon père larguait dans la mer depuis son avion. Mon père était un bon ami de Mackenzie, et un jour il lui demanda s'il pouvait utiliser son nom sur un document qu'il allait présenter pour une embauche. Mon père mit sa photographie, et c'est comme ça qu'il s'est mis à travailler pour le cartel de Medellín. Mackenzie a eu une fin atroce. Son corps a été retrouvé peu de temps après la mort de mon père, portant des signes évidents de torture.

J.P.E. : L'enquête que j'ai menée montre clairement que ton père était très audacieux, c'est pour ça qu'il avait d'excellentes relations avec le mien.

A.S. : Il n'était pas audacieux, il était téméraire ! Il existe une vidéo du jour où mon père a effectué le premier essai de largage et de suivi depuis un hélicoptère d'une cargaison de drogue. On y voit plusieurs patrouilles de police qui ferment quelques rues d'une ville. Mon père avait trompé les policiers en leur demandant de boucler la zone pour éviter tout accident en expliquant qu'il s'agissait d'une nouvelle technique pour permettre aux agriculteurs de recevoir de l'engrais et autres matériels. Sur la vidéo, on entend la voix de mon père qui dit « voilà les premiers trois cents kilos de coke ! », alors que l'on peut distinguer les patrouilles de police qui surveillent le quartier.

J.P.E. : Très impressionnant, Aaron. Pour changer de sujet, que penses-tu de la guerre contre la drogue ?

A.S. : À cette époque, mon père me disait de me tenir éloigné des drogues, parce qu'elles étaient toutes mauvaises. J'ai commencé par le cannabis, et aujourd'hui encore je pense que ce n'est pas mal d'en fumer. Mais par la suite je suis allé plus loin et je me suis injecté de l'héroïne et de la morphine dans les veines pendant des années. J'ai touché le fond et j'ai frôlé la mort plusieurs fois. Lorsque j'ai commencé comme ministre du Culte, je suis devenu profondément anti-drogue. Je le suis encore aujourd'hui, car les drogues peuvent détruire la vie des gens. Mais le gouvernement se trompe dans son approche. Je crois qu'il faut légaliser toutes les drogues. Il faut les taxer. Et je crois que c'est la seule façon d'éviter de revivre ce que nous avons vécu. À travers l'Église, je suis en contact avec d'autres ministères en Europe. Nous voyons par exemple le cas des Pays-Bas. Je pense que tout doit être légal, et en particulier le cannabis, qui l'est d'ailleurs presque déjà aux États-Unis. C'est-à-dire que la marijuana est moins dangereuse que le Tylenol. Je sais que ce n'est pas bien de consommer des drogues dures, mais la façon dont le gouvernement aborde le problème n'est pas bonne non plus. Ils n'ont qu'à s'occuper de leurs affaires. Si je suis adulte et responsable et que j'ai envie de me piquer à l'héroïne, eh bien c'est mon problème et ils n'ont pas le droit de m'en empêcher. Aucune agence gouvernementale n'a le droit de me dire ce que je peux faire de mon corps ou pas. Je pense que c'est un droit que nous donne Dieu et que nous avons le choix d'en prendre ou pas.

J.P.E. : C'est un sujet compliqué parce que cela touche à la vie de beaucoup de personnes. Il y a beaucoup d'argent en jeu et l'interdiction est un grand business. Si les drogues avaient été légalisées dans les années quatre-vingt quand nos pères étaient en vie, ils ne se seraient sans doute jamais rencontrés.

A.S. : En effet. Je sais que mon père est entré dans ce business pour l'argent. Et je suppose que c'est pareil pour ton père. Donc, s'il n'y avait pas eu d'argent là-dedans, ils n'y seraient pas allés.

J.P.E. : C'est vrai. Et c'est à cause de la prohibition que nous avons ce genre de violence. Je crois qu'en tant que société nous devons trouver un autre moyen de traiter ce type de sujets. J'ai eu du côté maternel un oncle qui est mort jeune en ayant goûté à presque toutes les drogues disponibles, à l'exception de l'héroïne. Il avait onze ans quand il a commencé à consommer de la marijuana. Il a suivi toutes sortes de traitements, et chaque fois il ressortait sevré du centre de réhabilitation. Mais il rechutait toujours et il a fini par abandonner et s'avouer vaincu. Il consommait chaque fois qu'il sortait dans la rue. Le grand paradoxe de son histoire, c'est que la seule drogue qui l'a vraiment tué est légale : la cigarette. Il a passé sa vie à essayer de se tuer avec les drogues illégales, mais finalement c'est cette drogue légale qui lui a pris la vie. Nous sommes bien conscients du drame familial que l'on peut vivre lorsque quelqu'un consomme de la drogue.

A.S. : Je sais ce que c'est, crois-moi.

J.P.E. : Les drogues ne font pas de différences. Elles sont disponibles pour tous et personne n'en est vraiment protégé. Lorsque j'avais huit ans, alors que nous étions à Nápoles, mon père m'a invité à parler des drogues. Il m'a montré toutes les drogues disponibles sur le marché à l'époque. Il y en avait une dizaine au total, dont la cocaïne, le cannabis, le crack et le LSD. Il a reconnu avoir goûté à la plupart d'entre elles, mais il m'a dit qu'il n'avait jamais pris d'héroïne. Puis il a ajouté : « Quand tu auras envie d'en goûter une, je préfère que nous la goûtions ensemble. Parce que le vrai courage, c'est de ne jamais y toucher. » Et cette phrase, Aaron, revêt une grande valeur pour moi. Elle me vient d'un homme qui vendait de la drogue et elle m'a aidé à ne jamais être curieux d'essayer d'en prendre.

A.S. : C'est pareil pour moi, parce qu'on a des perspectives très différentes. Par exemple, selon que l'on est du côté de ton père, qui la vendait, ou du mien, qui en consommait.

J.P.E. : Il faut donc que l'on trouve un moyen de partager et de vivre avec cette réalité. Ce n'est pas celui qui aura les plus gros fusils qui gagnera cette guerre. Ce n'est pas le moyen d'en finir avec ça, au contraire, cela ne fait qu'empirer les choses.

A.S. : Oui. Au lieu d'une guerre contre les drogues, nous avons besoin de la paix avec les drogues.

À ce stade, après trente minutes de conversation, nous n'avons pu retenir un éclat de rire à la suite de ce dernier commentaire.

A.S. : C'est peut-être le nom qu'il faudrait donner à notre tournée mondiale pour parler de ce que l'on a appris : la paix avec les drogues. À mon avis, le gouvernement de mon pays a commis une erreur en parlant de guerre contre les drogues. En fait, ils créent chaque fois une guerre, pour tout. Et chaque guerre qu'ils créent est toujours pire trente ans après. Ils parlaient par exemple de la guerre contre la pauvreté dans les années soixante et soixante-dix, et maintenant il y a plus de pauvres qu'avant. Pour ce qui est de la guerre contre les drogues, il y en a davantage maintenant, et des pires. Les Écritures disent qu'un jour le lion se couchera aux côtés de l'agneau. C'est une image prophétique pour faire la paix sur Terre.

Ma mère n'a pas voulu rester vivre à Bâton Rouge, parce qu'elle était constamment dérangée par les gens qui lui demandaient des nouvelles de mon père. Mais mon épouse et moi vivons toujours là-bas. Avant cela, je vivais avec ma grand-mère parce que j'étais à fond dans la drogue. Mais elle a toujours veillé à ce que j'aie un toit au-dessus de la tête. Elle est décédée récemment. Ah, j'ai eu la chance de voir ton documentaire *Les Péchés de mon père*.

J.P.E. : Cela a été une grande expérience, parce qu'en plus de retrouver les victimes de mon père, j'ai pu revenir en Colombie quatorze ans après. Dans ce documentaire on voit Rodrigo Lara, un des trois fils du ministre de la Justice, Rodrigo Lara Bonilla, assassiné sur ordre de mon père en 1984. Et figure-toi que j'ai noué une amitié avec Jorge, le plus jeune, ce qui montre que le processus de réconciliation ne s'est pas arrêté au documentaire, mais qu'il s'est étendu à d'autres latitudes familiales en quête de réconciliation et de pardon.

A.S. : Oui, bien sûr. Et si tu veux attirer encore plus l'attention des médias, nous devrions obtenir un visa pour que tu puisses m'accompagner sur le tapis rouge le jour de la première du film *Mena*. Quand on nous verra ensemble et qu'on nous demandera ce qu'on fait là, nous répondrons que nous sommes ensemble pour la prévention de la consommation de drogue et contre la glorification du trafic de stupéfiants.

J.P.E. : À ce propos, je voulais te raconter quelques anecdotes sur mon visa. J'en ai eu un pendant quinze ans, mais ils l'ont annulé en 1993 pendant la traque de mon père alors qu'il était encore vivant. En 2010, nous avons été invités à présenter le documentaire *Les Péchés de mon père* au festival du film de Sundance, alors je me suis rapproché de l'ambassade des États-Unis à Buenos Aires pour demander un nouveau visa. J'ai présenté des lettres d'invitation signées par l'acteur Robert Redford lui-même, en tant que directeur du festival, mais aussi de HBO, Discovery Channel, ou du Conseil des Amériques, entre autres. J'ai eu la bonne surprise de recevoir le visa pour cinq ans chez moi une semaine plus tard. J'étais très content, jusqu'à ce qu'ils m'appellent quelques jours après pour me dire qu'il y avait une erreur[6].

---

6. Le jour où j'ai reçu mon visa, j'ai appelé ma mère pour lui annoncer la bonne nouvelle, et elle m'a dit : « Ah, s'ils te l'ont donné, alors ils nous donneront bientôt le mien et celui de ta petite sœur. » Ma mère prit rendez-vous pour elle et ma sœur – contre sa volonté – pour qu'elles puissent se rendre ensemble à l'ambassade solliciter les visas. Malgré mon incrédulité face à ce qu'entendait faire ma mère, je réussis à lui faire envoyer des États-Unis des lettres d'invitation semblables aux miennes pour les joindre à leurs dossiers. La présence de ma mère et de ma sœur à l'ambassade finit par attirer l'attention sur l'obtention de leurs visas, qui allaient finalement être annulés : « Cancelled without prejudice » (annulé, sans préjudice). « Mais madame, comment cela vous a-t-il traversé l'esprit de venir demander un visa ? » a conclu une officielle de l'ambassade en uniforme.

Évidemment, l'erreur avait quelque chose à voir avec mon lien de parenté avec Pablo Escobar. Ils ne savaient pas à qui ils donnaient un visa, même si j'avais toujours dit la vérité en remplissant les formulaires et que j'avais indiqué ma véritable identité.

Une fois qu'ils ont eu notifié l'annulation de mon visa, ils m'ont dit que j'avais le droit de faire appel de cette décision et j'ai été convoqué à deux réunions avec la DEA, la Consule des États-Unis et un représentant du Département d'État. Le fonctionnaire de la DEA m'a expliqué qu'ils me surveillaient depuis des années et qu'il était sûr que je n'étais mêlé à aucun trafic. Il pouvait certifier que je ne représentais aucun danger pour les États-Unis et il ne s'opposait donc pas à mon entrée sur le territoire. Mais le monde est petit, et par la suite, j'ai su de source sûre que la personne qui s'était apparemment opposée à l'octroi de mon visa était Javier Peña, un ancien agent de la DEA en Colombie.

Aaron, pour revenir au sujet de départ de notre conversation, comment as-tu pu entrer en contact avec les personnes qui ont tué ton père ?

A.S. : Un ami, que j'ai depuis l'âge de vingt ans, a tué un homme avec un couteau et a été emprisonné dans la prison appelée Angola, où est incarcéré Miguel Vélez, alias *Cumbamba*. Il y a quelques années, je suis tombé sur un rapport indiquant qu'il se trouvait dans l'unité des malades en phase terminale de cancer. J'ai alors obtenu son adresse électronique. Je lui ai écrit pour lui dire que ni ma mère ni moi n'avions de ressentiments contre lui. Il m'a répondu et c'est comme ça que nous avons commencé à échanger. Mais quand la prison l'a su, ils ont coupé la communication parce qu'il n'a techniquement pas le droit de me parler, puisque je suis considéré comme une de ses victimes. Légalement, il n'a pas le droit d'entrer en contact avec moi, ce qu'il n'a d'ailleurs pas fait.

Les deux autres hommes qui ont tué mon père sont dans le nord de la Louisiane, où je réside. L'un d'entre eux, Luis Carlos Quintero Cruz, a su par *Cumbamba* qu'on avait été en contact via Facebook et nous avons commencé à nous envoyer des messages par l'intermédiaire d'une connaissance commune. Nous savions qu'ils voulaient demander la liberté conditionnelle, et ma mère et moi avons fait savoir que leur libération ne nous posait aucun problème. Mais les autorités ont dit qu'il n'y avait aucune raison de les libérer et qu'ils devaient rester en prison pour toujours. Ainsi, même s'ils nous ont demandé notre accord pour qu'ils soient relâchés, notre avis n'a jamais vraiment compté pour les autorités. La décision de les maintenir emprisonnés toute leur vie était déjà prise. Il n'y a qu'un seul homme avec qui nous n'avons pas parlé, Bernardo Antonio Vásquez, parce qu'il n'a jamais appris l'anglais. Nous n'avions donc aucun moyen d'entrer en contact avec lui.

J.P.E. : Que t'ont-ils répondu quand tu les a contactés ?

A.S. : Quand j'ai parlé avec *Cumbamba*, il avait l'air très heureux, et il nous a dit que sa mère lui avait demandé de faire la paix avec Dieu pour ce qu'il avait fait. Il a peint la Vierge de Guadalupe dans la chapelle de la prison, car c'est un grand artiste. Il m'a aussi dit qu'il était reconnaissant que j'aie pris contact avec lui, et que, grâce à mon pardon, il se sentait bien mieux. Il avait été très touché par nos paroles. Et la mère de l'autre gars lui a dit que, avant de mourir, il devait chercher le pardon de Dieu, de l'épouse et des enfants de Barry Seal.

J.P.E. : As-tu eu la possibilité de demander à *Cumbamba* des détails sur le jour où ils ont tué ton père ?

A.S. : Au fil des années, j'ai pu reconstruire ce qu'il s'était passé. Une demi-heure avant que mon père ne soit assassiné, nous étions avec lui, ma mère et nous, ses enfants, dans une cafétéria en train de manger des pancakes. Un homme en cravate est alors entré et mon père l'a longuement fixé du regard. Par la suite, *Cumbamba* lui-même m'a expliqué que cet homme, c'était lui, qu'il suivait mon père, et qu'à ce moment-là précis il voyait une opportunité de le tuer, sur place, devant nous. Il m'a aussi dit qu'il était ressorti de la cafétéria pour aller chercher l'arme qu'il cachait dans le coffre de sa voiture quand plusieurs policiers sont entrés dans le café. Il a donc été obligé de changer de plan. Une fois que nous avons eu fini de manger, mon père est parti vers le siège de l'Armée du Salut, où il devait se rendre pour respecter les horaires imposés par le juge Frank Polazola. Il est sorti de la cafétéria pour se diriger vers une mort certaine. *Cumbamba* m'a raconté qu'il est resté dans la voiture en fumant une cigarette au moment de l'homicide de mon père. Il a attendu que les deux autres tueurs fassent leur part de travail : l'un devait tirer et l'autre prendre des photographies pour pouvoir toucher l'argent promis pour l'assassinat. Des années plus tard, j'ai eu la possibilité de m'entretenir avec les deux agents de police arrivés les premiers sur la scène du crime. Ils m'ont raconté que de nombreux agents fédéraux étaient apparus sur place dans la minute et qu'en dehors de tout protocole établi, ils avaient récupéré le dossier de mon père qui se trouvait dans le coffre de la Cadillac. Les policiers ont bien tenté de les en empêcher, mais la situation a failli tourner à la fusillade et ils n'ont finalement rien pu faire. Quelque temps après, ils ne nous ont rendu qu'une partie des documents.

J.P.E. : Je voulais vous remercier, ta mère et toi, pour votre générosité et votre capacité à pardonner. Et aussi pour le message de paix et de réconciliation que tu portes. Nous avons, toi et moi, la possibilité de faire beaucoup mieux les choses. Et je pense que c'est pour ça que nous sommes connectés.

A.S. : C'est vrai. L'heure est venue de rattraper le temps perdu. Et toi, Sebastián, tu te sens en danger en Colombie ?

J.P.E. : Cela fait plusieurs mois que je suis en Colombie. Il y a ici des gens très puissants et si quelqu'un avait voulu me faire du mal, il l'aurait déjà fait sans aucun problème. En revanche, j'espère que les ennemis de mon père ne me considèrent pas comme une menace, parce que je n'en suis pas une et ne le serai jamais. Je suis un homme de paix.

***

Finalement, trente ans et sept mois après que mon père a donné l'ordre de tuer son père, Aaron Seal et moi nous sommes rencontés dans la ville de Mexico. C'était le 27 septembre 2016.

La réunion au 22e étage de l'hôtel Sevilla Palace ne fut pas facile, même si nous avions pu parler par visio-conférence quelques jours avant. Aaron était assis sur un banc de ciment rond, sous un toit de paille, et je me suis approché en tenant dans la main un exemplaire que je venais de recevoir de la version anglaise de mon premier livre, *Pablo Escobar, My Father*[7]. Ce livre était la seule chose à laquelle je pouvais m'accrocher alors que je marchais vers lui. Je me trouvais à quelques mètres

7. Aux éditions Thomas Dunne Books.

d'une victime directe de la violence de mon père et je n'avais trouvé rien de mieux à lui « offrir » que mon histoire. J'avais au préalable rédigé une dédicace aimable, dans laquelle je partageais avec lui le terrible cauchemar que nous avions vécu et qui ne doit pas se répéter.

Aaron non plus ne venait pas les mains vides. Il apportait avec lui un objet de son père qu'il conservait avec beaucoup de tendresse. De fait, lors d'un de nos entretiens téléphoniques avant notre rencontre, il avait eu la délicatesse de me demander si je voyais un inconvénient à ce qu'il m'offre en cadeau un objet qui avait appartenu à son père. J'avais répondu que non, absolument aucun.

C'est là qu'Aaron s'est séparé d'un objet que je considère d'une valeur sentimentale et économique inestimable : un insigne que la compagnie aérienne TWA avait remis à son père lors de l'obtention de son diplôme de « Junior Pilot », le pilote le plus jeune de la compagnie.

Je pourrais à peine décrire l'émotion que je ressentis en prenant dans mes mains cet emblème que son père, j'en suis sûr, avait dû porter fièrement sur son uniforme d'aviateur. C'était la récompense que Barry Seal avait obtenue à vingt-quatre ans, quand il avait été distingué comme étant le plus jeune et le plus audacieux pilote de ligne des États-Unis.

Nous n'avons pas parlé de pardon, mais notre accolade fut plus qu'éloquente. Cette énergie que dégage le pardon, et que j'ai ressentie tant de fois, m'a rappelé l'accolade échangée en Argentine avec Rodrigo Lara, alors sénateur, pendant le tournage du documentaire *Les Péchés de mon père*.

Après avoir déposé les cadeaux dans nos chambres, Aaron et moi nous sommes promenés dans le quartier de Polanco, avons pris quelques photographies, puis je l'ai invité à déjeuner au restaurant Loma-Linda. Pendant que nous dégustions un délicieux Bloody Mary et une excellente viande grillée avec une purée de pommes de terre et une salade, il me raconta les nouveautés de son procès avec sa demi-sœur pour les droits du film *Mena* :

« À Universal Pictures, l'arrêt en première instance nous a été favorable, à ma mère Debbie et à moi, mais ma demi-sœur a fait appel de cette décision et, du coup, la présentation officielle du film a été reportée. Mais elle a très peu de chances de gagner. Il s'agit de l'histoire de mon père, un personnage public qui fut en son temps considéré comme l'un des hommes qui fit entrer le plus de drogue clandestinement aux États-Unis. »

Nous sommes retournés à l'hôtel quelques heures plus tard, convenant de nous revoir le lendemain. Je n'ai pas fermé l'œil cette nuit-là, ne trouvant le sommeil qu'à cinq heures du matin. Mais je n'ai pas perdu mon temps pour autant puisque j'en profitai pour écrire les expériences vécues pendant cette journée transcendantale.

La deuxième rencontre avec ce nouvel ami fut emplie d'émotions. Au bout de plusieurs heures de conversation, je lui proposai de lire l'ébauche du chapitre consacré à son père et notre rencontre. Mais le plus remarquable de la longue conversation avec Aaron fut de découvrir, à mesure que nous parlions de Barry Seal et de Pablo Escobar, qu'ils avaient beaucoup de points communs. L'un d'entre eux, qui m'a beaucoup surpris, renvoie à l'époque où Seal était détenu dans la prison de Tegucigalpa et au jour où Aaron avait accompagné sa mère lui rendre visite. Il était très jeune et la version qu'on lui tint à l'époque était que son père travaillait dans cette prison, raison pour laquelle il portait un uniforme de gardien. Il y crut durant de nombreuses années, jusqu'au jour où il apprit qu'en réalité son père avait payé les gardiens pour cacher à son fils qu'il était prisonnier.

Mon père a lui aussi parfois utilisé des stratégies comme celle-là pour éviter que je ne découvre une vérité sur lui.

En fin d'après-midi, Aaron a assisté à ma conférence *Una historia para no repetir*[8], qui a rassemblé 1 200 personnes. Pendant qu'il écoutait la traduction en anglais, j'ai remarqué qu'il opinait du chef plusieurs fois, comme en signe d'approbation à mes propos. Quand je descendis de l'estrade, il me donna une longue accolade et j'ai vu qu'il ne pouvait contenir ses larmes.

8. Une histoire à ne pas reproduire, *ndt.*

Ensuite, une personne s'est approchée avec un cadeau étrange : un morceau de carreau de faïence arraché par son fils de douze ans lors d'une visite de la propriété de Nápoles. J'ai vu qu'il était authentique parce que je connais ces carreaux par cœur. Aaron m'a demandé ce que c'était et je le lui ai offert.

« Je le garderai précieusement, mon ami. »

***

Quijada, le trésorier de mon père, auquel un chapitre de ce livre est dédié, était l'une des personnes que mon père avait appelées à Miami pour parler du plan criminel qui mena à la mort de Barry Seal. Voici son récit, qui correspond à ce que nous nous étions dit avec Aaron Seal :

« Pablo m'a appelé et m'a dit que trois jeunes venaient de Colombie faire un tour, mais il m'a donné l'ordre de ne pas m'en mêler parce que les affaires à Miami partaient en vrille. Il m'a juste dit de collaborer comme je pouvais, mais sans plus. Il m'a dit qu'il s'agissait de Guillermo Zuluaga, alias *Cuchilla*, Pedro et Bernardo. Deux d'entre eux sont entrés clandestinement depuis le Mexique par le *hueco*[9], et j'ai envoyé quelqu'un les récupérer avant de les loger dans un hôtel. *Cuchilla* m'a

9. En espagnol, « le trou », surnom de la frontière entre le Mexique et les États-Unis, *ndt*.

demandé si je me souvenais de Barry Seal et je lui ai répondu que oui, évidemment que je me souvenais de l'enfoiré qui avait "balancé" Pablo.

Il m'a ensuite dit qu'ils allaient lui faire faire un tour (le tuer) en Louisiane, où il était sous protection. Mais il m'a précisé qu'ils avaient un moyen d'entrer, de faire le coup et de sortir. Je ne les ai jamais revus. J'ai su par la suite que *Cuchilla* s'était échappé et qu'ils avaient attrapé les autres sur l'autoroute de Turnpike, parce que le taxi dans lequel ils prenaient la fuite avait tué un cerf. Nous avons envoyé de l'argent à la mère de l'un d'entre eux qui vivait à Sabaneta pour l'aider pendant plus de deux ans. »

CHAPITRE 2

L'éternel drame d'être le « fils de »...

« Même si ta vie a été tumultueuse à un moment donné, elle a été ensuite plus tranquille ; en revanche, la mienne a été plus compliquée. Tu n'as jamais rien fait d'illégal, mais moi, si, j'ai été en marge de la loi. Par notre vécu, nous avons tous les deux beaucoup en commun : tu as été intensément persécuté, moi aussi ; tu as vu la mort de près, moi aussi. En définitive, nous avons été marqués par le fait d'être les "fils de"... »

C'est William Rodríguez Abadía qui prononce cette affirmation catégorique, le fils de Miguel Rodríguez Orejuela, l'un des principaux ennemis de mon père et peut-être l'un des commanditaires de sa mort.

En retraçant la vie de mon père, j'ai été convaincu de la nécessité d'entrer en contact avec Rodríguez Abadía pour comprendre pleinement la terrible histoire survenue il y a près de trente ans, quand son père, Miguel, son oncle, Gilberto Rodríguez, et mon père sont devenus les parrains des deux plus grands cartels de la cocaïne du monde, tout en se livrant une guerre sans merci qui s'est terminée par la mort de mon père et les longues peines de prison aux États-Unis des parents de William.

La vie s'était chargée dès le départ de nous placer sur des rives bien différentes : William venait d'une famille reconnue socialement, qui avait connu un certain succès dans le monde des affaires. Il a eu la possibilité de se former dans de prestigieuses universités aux États-Unis.

Mais il n'a pas eu la chance d'avoir une bonne relation avec son père. De mon côté, pas grand-chose à raconter : mon père était un homme qui aurait pu avoir la chance de progresser, mais il avait décidé que seules les affaires illégales l'intéressaient et, de ce fait, il nous a entraînés dans un tourbillon de violence qui ne nous permit pas, à l'époque, de suivre une formation académique, et encore moins de nous construire un avenir économique. Malgré tout, d'un point de vue personnel, j'ai un avantage sur William : ma relation avec mon père fut tendre et proche, même si elle fut brève.

Plusieurs paradoxes nous rapprochent, William et moi, mais le plus flagrant est que lui ne peut pas sortir des États-Unis alors que moi je ne peux y entrer. Lui parce qu'il attend depuis des années que sa situation migratoire soit résolue, et moi tout simplement parce qu'on ne m'octroie pas de visa du fait de ma parenté avec Pablo Escobar. Ainsi vont les choses. La technologie fut essentielle pour nous permettre de parler, pour découvrir beaucoup d'éléments que nous ignorions, pour nous confier, et, finalement, dialoguer pour la première fois avec quelqu'un qui, comme moi, est marqué depuis des années par le fait d'être le « fils de… ».

Voici le dialogue, long, révélateur et dramatique que William Rodríguez Abadía et moi avons eu par Skype :

Juan Pablo Escobar : En effet, William, être stigmatisé comme étant les « fils de » va durer jusqu'à la fin des jours. Personne ne souhaite renier son lien de parenté, il s'agit simplement d'avoir l'autonomie suffisante pour façonner son propre destin et ne pas être condamné à suivre le mauvais chemin qu'ont tracé nos pères.

William Rodríguez Abadía : Malheureusement, je dois te dire que je n'ai pas une bonne image de ton père, que nous avons toujours considéré comme notre ennemi. Nous avons toujours eu très peur du nom de Pablo Escobar, et nous ne connaissons de lui que sa partie obscure ; nous avons été persécutés, beaucoup de personnes que nous aimions ont été assassinées dans cette guerre absurde. Je le décrirais comme un homme qui a perdu toutes ses valeurs, aveuglé par le pouvoir, et qui a été capable de déclencher une vague de terreur sur le pays. Je ne connais pas sa part d'humanité, je connais le mythe et ce que mon père me disait de lui. Pour être franc, je ne peux rien dire de positif sur ton père.

Il a été l'ennemi de mon père et de mon oncle, et moi-même j'ai été une victime de cette persécution. Je n'ai jamais compris comment ces hommes en sont arrivés à se détruire eux-mêmes. Ce n'étaient pas eux les ennemis, ça en était d'autres, et nous les avons aidés à en finir avec nous. Nous avons rendu la vie plus facile aux Américains et à la bourgeoisie de ce pays.

J.P.E. : Mon père s'en est-il pris à toi ?

W.R.A. : Pas que je sache, non. Il y avait beaucoup de rumeurs qui circulaient à l'époque, beaucoup de gens qui partaient mener leurs opérations de Medellín à Cali et vice versa. Mais ils ont respecté le pacte de ne pas s'en prendre aux familles, du moins pendant la majeure partie de la guerre. Ce fut une guerre frontale entre eux, très sanglante. J'avais un ami qui était devenu chef de la sécurité de mon père et il me racontait les opérations qu'ils menaient à Cali, les gens qu'ils ramenaient de Medellín. Mais j'étais précoce, je voulais savoir ce qu'il se passait car il s'agissait de ma vie, de celle de mon père, et je ne voulais pas qu'il lui arrive malheur. Nous avons vécu de grands moments de terreur, des attentats contre lui, des tentatives d'assassinat… J'imagine que ton père a subi plusieurs attentats.

J.P.E. : Nous vivions dans la terreur aussi à Medellín. En tant que famille, nous vivions relativement tranquillement jusqu'à ce que la guerre éclate.

À partir de ce moment-là, on s'est mis à courir nuit et jour…

W.R.A. : L'important, Juan Pablo, c'est que tu saches que je ne t'ai jamais rien fait et que toi tu ne m'as rien fait non plus. Les circonstances de la vie ont fait que nous nous sommes retrouvés dans des camps différents. Je n'ai pas l'habitude de « lécher les bottes » à qui que ce soit, mais je dois reconnaître que tu as abordé le problème selon le bon angle et que tu as été meilleur que moi, qui suis un peu plus impulsif. Tu as su dépasser cette impulsivité et prendre la situation comme elle était, avec plus de sérieux, plus de calme. Tu as assumé une responsabilité qui ne t'incombait pas et tu l'as fait avec beaucoup de courage et de discernement. Finalement, tu as perdu ton père, alors que mon oncle et mon père sont vivants dans une prison aux États-Unis. D'une certaine manière, tu t'es soulagé d'un poids.

J.P.E. : Sans aucun doute. Chaque fois que j'entends des nouvelles, que je me replonge dans ces sujets, dans les cas d'extradition, je me sens chanceux, même si je n'ai plus mon père. La réalité serait tout autre s'il était détenu dans les mêmes conditions que le sont les membres de ta famille. Je me demande quelle serait mon attitude face à la vie si j'étais dans cette situation. Finalement, heureusement que mon père n'est plus en vie parce que sinon j'aurais à affronter des situations innommables.

W.R.A. : Il faut savoir que, dans leurs croyances erronées, mon oncle et mon père ont pris la décision de ne pas collaborer avec la justice et se sont contentés de remettre certains biens pour sauver une partie de la famille. Ils auraient pu passer moins de temps enfermés, mais ils ont décidé de mourir en prison. Mon père a soixante-treize ans et il en a encore treize à purger. Il aura donc environ quatre-vingt-six ans à sa sortie de prison. Je ne crois pas qu'il tiendra jusque-là. Je n'ai pas beaucoup de contact avec mon oncle Gilberto, mais c'est un homme âgé, dont on m'a dit qu'il est malade. Bon, Juan Pablo, je te renvoie la question : que pensais-tu de Miguel et Gilberto Rodríguez ?

J.P.E. : La première fois que j'ai entendu parler d'eux, c'était le 13 janvier 1988, le jour où la voiture piégée a explosé devant l'immeuble Mónaco, où nous vivions avec ma mère et ma petite sœur Manuela. Ce jour-là, nous en sommes sortis miraculeusement en vie. En fait, nous ne pensions pas qu'il s'agissait d'une bombe, parce qu'aucune bombe de cette puissance n'avait encore explosé en Colombie à cette époque. Nous pensions que ça avait été un tremblement de terre ou une catastrophe naturelle, mais pas une bombe. On nous a emmenés vers une planque non loin du quartier d'El Poblado, que nous appelions *Los Viejitos*[10], mais que les

10. Les petits vieux, *ndt.*

autorités connaissaient comme *El Bizcocho*[11], où mon père se trouvait déjà. Nous avions perdu tout contact, toute communication était rompue et il avait cru que nous étions morts. Une heure ou deux après notre arrivée, il continuait de passer de nombreux appels téléphoniques et j'étais extrêmement nerveux ; nous venions de renaître et nous commencions à peine à comprendre ce qu'il venait de se passer. À un moment, il reçut un appel et je parvins à entendre ce qu'il dit, sur un ton cordial : « Bon, merci beaucoup. » Puis il a raccroché et lâché la phrase suivante : « Ils ont appelé, ces fils de putes, pour savoir si j'avais survécu ou pas ; ils pensaient que j'étais au Mónaco. » C'était la première fois que je demandais : qui sont-ils ? Qui t'a appelé ? Tu sais d'où ça vient ?

Mon père a répondu : « Je savais qu'ils préparaient un attentat d'envergure contre moi, mais pas contre ma famille.[12] » Cette nuit-là, j'entendis pour la première fois parler de Miguel et Gilberto

11. Le biscuit, *ndt.*

12. L'explosion a fait un cratère de quatre mètres de profondeur et dix de diamètre. Deux personnes sont mortes, dont Miguel, le gardien de l'arrière du bâtiment. L'un des chefs de Cali, Hélmer *Pacho* Herrera, avait recruté deux personnes, dont Germán Espinosa, alias *l'Indien*. Mon père offrit trois millions de dollars en récompense à qui les localiserait et, peu de temps après, *l'Indien* fut retrouvé et assassiné à Cali par un couple de jeunes qui empocha l'argent promis.

Rodríguez Orejuela, et de Cali, la ville où ils vivaient.

À partir de ce moment, mon père a commencé à partager les informations qu'il obtenait sur le cartel de Cali, comme pour dire : ces gens nous ont fait du mal, et voici où en est la lutte. Il voulait que je sache ce qu'il se passait. Il avait l'air inquiet pour ma sécurité, il avait peur que dans ta famille on prépare un enlèvement pour lui soutirer de l'argent ou pour me tuer. Il avait mille craintes, parce que tout était possible, et il me parlait souvent de la prudence dont je devais faire preuve. Il m'a dit un jour qu'il savait où se trouvaient les enfants, les oncles, les cousins et toute la famille Rodríguez, mais il soutenait qu'il ne ferait rien à personne parce qu'ils s'étaient engagés à ce que la guerre reste entre eux. William, que sais-tu du début de la guerre entre les deux cartels ?

W.R.A. : J'ai deux versions. Mon père et mon oncle disaient que Pablo s'était fâché avec eux parce qu'ils ne l'avaient pas aidé dans les grands attentats qu'il avait commis, comme la mort du ministre Rodrigo Lara ou la guerre contre la police. Mon père et mon oncle ont toujours voulu rester éloignés de tout ça, et ils lui avaient dit, « nous collaborons, oui, mais nous ne voulons pas entrer dans ces choses-là ».

Dans la deuxième version que j'ai des raisons du début de la guerre, apparaît monsieur Hélmer *Pacho* Herrera. Il a pris de l'importance dans l'organisation pendant que mon oncle Gilberto était détenu en Espagne, entre 1984 et 1986. C'est à cette époque que mon père est devenu très ami de *Pacho,* parce qu'il lui envoyait les chargements que *Pacho* vendait pour lui à New York. Mais il semble qu'il y ait eu un problème avec un travailleur, Jorge *el Negro* Pabón, qui avait un frère dont j'ai oublié le prénom. Je les ai connus en 1979, parce que mon oncle était en guerre contre des preneurs d'otages et les frères Pabón l'aidaient. Je me souviens que nous jouions au football dans une propriété que nous avions à Silvia, dans le département de Cauca, et que les deux Noirs étaient là. On les appelait les Palestiniens, et un jour ils se rendirent à Medellín pour voir Pablo, dont ils étaient aussi amis. Un des employés de *Pacho* tua alors l'un des deux frères Pabón et ton père appela *Pacho* en lui disant de lui livrer l'assassin. Comme *Pacho* refusa, Pablo appela mon père et mon oncle en exigeant qu'ils lui remettent *Pacho.* Ils lui répondirent qu'ils ne tuaient pas leurs amis, qu'ils n'avaient qu'à s'entre-tuer tout seuls. C'est là que tout a commencé. Pour être tout à fait complet, Juan Pablo, ils avaient monté une grande opération contre ton père et ils réussirent presque à le capturer dans la propriété d'*El Bizcocho.* Ils retrouvèrent beaucoup de vidéos où l'on voyait nos maisons, surtout celles de mon père, qui était moins prudent que mon oncle. Ils avaient filmé les trajets qu'il faisait, ses routines. Cela confirmait que ton père n'en avait pas seulement après *Pacho* Herrera, mais qu'il en voulait également à mon oncle et mon père. Bien longtemps après, alors que je fuyais la justice, j'ai reçu l'aide d'une personne que l'on appelait *Ingeniero Canaro*, qui m'a raconté comment avait été planifié l'attentat du Mónaco. Il m'a dit qu'on vous voyait de loin et qu'ils pensaient que Pablo était sur place ce soir-là. Et malheureusement, dans un acte de barbarie, ils ont fait exploser la voiture piégée. Je suis le seul membre de ma famille à avoir reconnu que c'était eux qui l'avaient fait. Il faut appeler un chat un chat, et il s'agissait d'un acte criminel auquel je ne m'associe pas et que j'ai voulu dénoncer pour lever le doute et savoir si l'ordre de cette attaque était venu ou non de mon oncle Gilberto, de *Pacho* Herrera et de mon père.

J.P.E. : Ils pensaient que mon père se trouvait dans l'immeuble, parce que vers minuit était arrivé un monsieur de la même corpulence que mon père. Mais il s'agissait en réalité de Fernando Henao, le frère de ma mère – récemment décédé –, qui venait nous rendre visite avec une étrange prémonition. Sans la moindre explication, il nous dit « partons, il va arriver quelque chose de grave ». Mais on ne l'a pas écouté et on a vu le résultat.

W.R.A. : Ils avaient un immeuble d'où ils vous surveillaient, et comme il semblait que ton père était là, ils ont décidé de lancer la voiture piégée. Mais le plan a échoué parce que le véhicule a légèrement dévié sa course et n'est pas allé directement vers le bâtiment, sans quoi il l'aurait entièrement détruit.

J.P.E. : Je comprends. Mais ta famille avait un gros avantage puisque la police était de leur côté, y compris le Bloc de Recherche, qui travaillait main dans la main avec ton oncle et ton père.

W.R.A. : C'est vrai, à cette époque la police nous protégeait et nous avait même donné un permis spécial pour nous déplacer librement dans la ville. Nous contrôlions totalement la police, qui effectuait des opérations et organisait des barrages pour détecter ceux que ton père envoyait de Medellín pour nous attaquer. Quant au Bloc de Recherche ? Ils le contrôlaient, bien sûr, via les colonels Danilo González et Hugo Aguilar, les chefs opérationnels du Bloc à Medellín. Ils étaient contrôlés par le cartel de Cali. Je vais te dire, Juan Pablo : le jour où ils ont tué ton père, le mien fut la première personne à le savoir. Le Bloc l'a appelé pour lui dire « voyez, monsieur, c'est fait ». C'est ce que m'a raconté mon père.

J.P.E. : Que penses-tu de la version de Carlos Castaño, qui a dit qu'il avait été la première personne à entrer dans la maison où mon père est tombé ?

W.R.A. : Ce n'est pas vrai. Ce qu'on m'a raconté, d'abord mon père puis Danilo González, c'est que c'est Hugo Aguilar qui l'a tué.

J.P.E. : Le problème c'est qu'Aguilar est très contradictoire dans sa version, puisque, selon lui, mon père a volé sur cinquante mètres depuis la fenêtre par où il tentait de fuir jusqu'à l'endroit où il est mort. Il aurait fallu lui tirer dessus avec un char d'assaut, et encore ! Sa version des faits, au regard des photographies prises sur le moment, des armes qu'il disait avoir sur lui et des blessures de mon père, ne tient absolument pas.

W.R.A. : Je comprends, mais mon père ne m'a pas raconté comment ça s'est passé, il m'a juste dit qu'Aguilar l'avait tué. Puis, par la suite, Danilo González m'a confirmé la même version.

J.P.E : Reprenons dans l'ordre, quelles étaient les priorités du cartel de Cali à propos de leurs ennemis du cartel de Medellín ?

W.R.A. : Le principal objectif, évidemment, c'était ton père. Ensuite venait Gustavo Gaviria et le troisième était ton oncle Roberto. Avec Roberto, ils avaient un contentieux en plus, parce qu'il avait fait tuer deux jeunes qui avaient été envoyés à Medellín pour liquider le siège régional d'Antioquia de la chaîne Drogas La Rebaja, puisque presque toutes les pharmacies avaient été détruites par les bombes. L'un des jeunes décédés avait fait ses études avec mon cousin Humberto, un des fils de mon oncle Gilberto, et était proche de notre famille puisque j'ai été élevé avec les fils de Gilberto depuis l'âge de treize ans. C'est pour cette raison que mon oncle vivait avec l'obsession de s'en prendre à Roberto. Mon oncle disait : « Ce fils de pute, je le tue juste pour le tuer. » Ce sont eux qui étaient derrière l'attentat à la lettre piégée qu'il a subi à Itagüí, mais je ne comprends pas pourquoi ils lui ont laissé la vie sauve[13].

J.P.E. : C'est vrai qu'ils étaient très fâchés. J'ai assisté à certaines conversations téléphoniques entre mon père et ton oncle, qui étaient très proches de faire la paix, à un moment. La discussion portait sur à peine un ou deux millions de dollars, pas plus. Mais pour une raison que j'ignore, Roberto arracha à ce moment-là le combiné des mains de mon père et commença à insulter, à menacer, et à dire à ta famille qu'il allait les tuer jusqu'au dernier. Les négociations en prenaient un coup… À ce propos, et puisque nous parlons de Roberto, mon oncle, venons-en, William, à un sujet clé dont j'aimerais que nous parlions à présent : ce que l'on a appelé la paix des cartels, qui est survenue après la mort de mon père. Il s'agissait de remettre à ses ennemis tous les biens qu'il avait laissés, en échange de quoi nos vies seraient épargnées. C'est dans ce cadre, alors que nous faisions de nombreux voyages à Cali, que nous avons commencé à découvrir que la famille de mon père nous avait trahis. Et peut-être que ton père, sans le vouloir, nous a aidés à confirmer que c'était vrai. Je m'explique. Il y a

13. L'attentat contre Roberto Escobar eut lieu le 19 décembre 1993, deux semaines après la mort de mon père. Il a été gravement blessé aux yeux et au visage en ouvrant une enveloppe censée contenir des documents que lui envoyait le bureau du procureur général de Bogotá.

plusieurs phrases de ton père que je n'oublie pas parce que, sans être spécifique, il insinuait qu'il ne fallait pas nous montrer aussi gentils envers notre famille paternelle. Je pense en particulier à une fois où ma mère s'est rendue à Cali pour remettre les biens de mon père. Elle en a profité pour dire qu'elle était prête à tout donner pour qu'il n'arrive rien à la famille de mon père non plus. À la fin de la réunion, ton père dit à ma mère : « Madame, ne payez pas pour ces gens, ce sont eux qui vont vous arracher les yeux. » Et ça s'est passé comme ça. Lors d'un autre voyage à Cali destiné à nous réunir avec les ennemis de mon père, on s'est retrouvés avec mon oncle Argemiro, ma grand-mère paternelle Hermilda et mes tantes, ainsi que mon cousin Nicolás, fils de mon oncle Roberto, qui n'ont eu aucun scrupule à demander qu'on nous prenne, à Manuela et moi, les meilleures propriétés que mon père nous avait laissées. Ton père, William, je ne l'oublie pas, a pris vigoureusement la défense de notre famille en disant qu'il fallait respecter la volonté de Pablo à propos de ses enfants.

W.R.A. : Je n'ai jamais rien su de tout cela, parce qu'à l'époque j'étais loin de ces activités. Mais par la suite, mon père m'a raconté les réunions avec ta mère et toi, et comment il vous avait sauvé la vie parce qu'il y avait beaucoup de monde qui vous voulait du mal. Il m'a raconté avoir dit que la guerre était finie et qu'il t'avait recommandé de quitter le pays pour avoir la vie sauve, ce que tu as fait, heureusement. Mon père me disait qu'ils t'auraient tué, qu'ils ne pouvaient plus te protéger. On savait que ce fou de Carlos Castaño voulait vous tuer. Heureusement que vous êtes partis.

J.P.E. : William, après la mort de mon père, les seuls qui ont fui le pays, ce sont ma mère, ma sœur et moi. Personne d'autre de la famille n'est parti en courant. À tel point que, cinq mois après la mort de mon père, ma grand-mère Hermilda a fait un voyage d'agrément à New York, malgré le fait qu'on avait retiré les visas à tous les Escobar. N'est-il pas curieux que *Los Pepes* aient séquestré mon cousin Nicolás, fils de mon oncle Roberto, avant de le laisser en liberté ? Ou que Nicolás ait été vu quelques jours après la mort de mon père avec des véhicules et des armes offertes par *Pacho* Herrera ? N'est-il pas étrange que Roberto me demande d'écrire un livre en disant qu'Alberto Fujimori et Vladimiro Montesinos avaient des liens avec mon père, en échange de quoi nous recevrions nos visas pour les États-Unis ? Est-il normal qu'une fois mon père mort, mon oncle Roberto m'ait donné un code pour aller à l'ambassade des États-Unis parler avec Joe Toft, le chef de la DEA ? Et que j'aie effectivement fini par lui parler ?

W.R.A. : Maintenant que j'y réfléchis, Roberto avait dû conclure un accord, parce que mon père et mon oncle disaient toujours qu'ils en voulaient davantage à Roberto qu'à Pablo. Je ne comprends pas pourquoi ils l'ont épargné à la fin. Quelqu'un a dû intercéder en sa faveur, parce qu'ils avaient l'habitude de dire, « avec ce type il n'y a rien à faire ».

J.P.E. : Pour résumer ce point, nous avons eu la chance de pouvoir partir et nous l'avons saisie. À ce propos, j'insiste sur l'immense gratitude et le profond respect que j'ai envers ton père pour la façon dont il nous a traités, en particulier à une époque où il était très difficile d'exercer le pouvoir de manière responsable.

W.R.A. : Mon père est un homme de parole, même si beaucoup ne comprennent pas ça et disent que c'est juste un truand. Mais ce n'est pas pour rien qu'on l'appelait « Monsieur » et non pas « cousin » ou « machette ». Malheureusement, il a dû entrer dans une guerre absurde et cette guerre a changé nos vies. Avant la confrontation avec ton père, même s'ils étaient dans le trafic de drogue, ils ne faisaient que cela. C'est pour cette raison qu'ils ont réussi à créer une multinationale du narcotrafic. Ce qu'ils cherchaient, c'était l'argent, mais après cette guerre, leurs valeurs ont changé. Ils ont commencé à s'entourer de tueurs, d'hommes de main qui ne cherchaient que le conflit. Avant cette guerre, mon père avait deux gardes du corps, il vivait tranquille, sans problème. Mais après ils étaient dix, quinze, vingt… une folie. Moi j'en avais un, puis après j'en ai eu cinq. La guerre contre Pablo a changé nos vies, pour le pire. Après la mort de ton père, le pouvoir a rendu mon père et mon oncle fous. Je ne comprends toujours pas qu'en ayant eu tellement d'occasions de régler leurs problèmes juridiques ils ne l'aient pas fait. Et voilà comment ils ont fini. Ces messieurs auraient pu le faire, mais ils ont laissé passer leur chance pour une question d'ego, parce qu'ils se croyaient intouchables.

J.P.E. : Une fois mon père mort, la seule figure visible du trafic de drogue était ta famille. Il était évident que les autorités allaient se concentrer sur ton oncle et ton père, parce qu'il n'y avait personne d'autre à poursuivre. Mais j'imaginais qu'avec les relations si étroites qu'ils entretenaient avec les institutions d'alors, ils auraient vingt ans d'impunité et de tranquillité garantis. J'ai été surpris par la rapidité avec laquelle ils sont tombés.

W.R.A. : Ils ont eu deux ans pour s'organiser en profitant de leurs relations avec le procureur, avec la police, de la reconnaissance du gouvernement envers eux, et même des États-Unis. Mais ils n'en ont pas profité. Ils ont perdu la notion de la réalité. Ils pensaient que Gilberto irait en prison et que Miguel resterait dehors et voilà… des idées absurdes, irréelles. Ils ont cru qu'ils pouvaient tout contrôler, oubliant que les gringos sont les maîtres du monde. Les gringos nous ont utilisés pour tuer ton père, puis ils ont utilisé ceux du cartel de *Norte del Valle* pour en finir avec nous, puis plus tard ils ont profité de Varela pour se battre contre d'autres barons. C'est un cercle vicieux qui se met en place, parce qu'à la fin, nous sommes des pions. Et que nous reste-t-il ? Des histoires à raconter.

J.P.E. : Revenons en arrière, lorsque mon père s'est rendu. Les chefs de Cali pensaient-ils que la guerre était finie ?

W.R.A. : Non, ils avaient toujours comme objectif d'en finir avec Pablo Escobar. Ils se sont même fait voler au Costa Rica, où ils avaient acheté des bombes dites « papaye » qu'ils envisageaient de larguer sur La Catedral. Je crois qu'ils en ont reçu deux, mais c'étaient des bombes qui avaient besoin d'un avion spécial pour exploser une fois larguées. Il s'agissait d'une guerre sans merci. Il était très difficile d'arriver à s'entendre, parce que Pablo restait sur ses positions, et eux restaient sur les leurs. À un certain moment, ils auraient pu, mais après, trop de choses s'étaient passées. C'était Pablo ou eux. Un mal pour un bien : il était localisé dans La Catedral, alors qu'avant ils ne savaient pas où il se trouvait. Mais même s'il était désormais mieux protégé et qu'il était plus difficile de l'atteindre, ils ont continué à insister pour le rayer de la carte, par tous les moyens.

J.P.E. : Je peux te dire qu'après avoir appris l'histoire des bombes papaye, mon père est sorti du périmètre et nous nous a interdit d'entrer dans la partie centrale de la prison.

W.R.A. : Ils étaient à l'affût, mais il est aussi évident que Pablo a laissé passer l'occasion de résoudre beaucoup de problèmes. Il lui est arrivé la même chose qu'à ces messieurs de Cali.

J.P.E. : Je suis d'accord. Il suffisait d'avouer, de se tenir tranquille pendant quelques années et ça aurait tout arrêté, mais il n'a pas voulu. La vérité, c'est qu'à un moment j'ai pensé avec naïveté que mon père voulait vraiment se rendre et arranger les choses. Au début j'y ai cru, mais j'en suis revenu très rapidement. La Catedral était finalement une grande fête. Ils n'ont pas pris ça au sérieux. Son ego l'a empêché de voir l'opportunité qui s'offrait à lui et il l'a laissée passer. Mon père a payé de sa vie d'avoir défié l'État et l'empire. William, que penses-tu qu'il va arriver à ton père et ton oncle ?

W.R.A. : Ils doivent purger leur peine de trente ans de prison, vingt-cinq ans au minimum, avant de pouvoir sortir, parce qu'il n'y a aucune chance qu'on leur accorde la moindre remise de peine. C'est-à-dire que mon oncle Gilberto, mon père et le tien sont devenus des symboles du narcotrafic. Ton père a eu la fin qu'il a eue, mais les gringos ne pardonneront rien à ceux de Cali. S'il tient jusque-là, mon oncle sortira à l'âge de quatre-vingt-neuf ans, et mon père quatre-vingt-six. Vu la situation de mon père, j'aurais préféré qu'il soit déjà mort. C'est très triste. Je connais le système fédéral et les prisons ne sont pas une promenade de santé comme les gens le pensent. Ce sont des prisons très compliquées, non seulement en raison des normes gouvernementales, mais aussi avec leurs lois internes. Mais bon, Juan Pablo, c'est la vie qu'ils ont choisie et ils ne peuvent pas s'en plaindre, parce que quand on choisit cette voie et qu'on ne saisit pas les occasions d'en sortir, il faut assumer les conséquences. Je crois qu'ils mourront en prison.

J.P.E. : Je suis désolé d'entendre ça, mais il est évident que la communication entre ton père et toi a connu des moments très compliqués.

W.R.A. : J'espérais un traitement différent de la part de mon oncle et de mon père, qu'ils essaient de m'aider à trouver une solution à mon problème parce qu'on avait déjà sollicité mon extradition, mais malheureusement leur stratégie était de rester en Colombie. Ils jouaient à ça et j'ai respecté leur décision parce que mon père était concerné, et j'ai voulu lui offrir cette opportunité. J'ai attendu jusqu'à ce qu'ils le mettent dans l'avion pour les États-Unis. Mais à ce moment-là, je devais penser à mes deux filles et à ma femme, car j'avais passé toute ma vie à penser à mon père. Alors je me suis rendu et nous nous sommes éloignés. Il a cru que je l'avais trahi et moi qu'il m'avait trahi. Longtemps après, quand j'ai payé ma dette et que je suis sorti de prison, nous nous sommes vus deux fois et nous avons essayé de parler. De nous raconter ce qu'il s'était passé. Mais au fond, je sais que ni lui ni moi n'avons réussi à dépasser cela. Et pourtant, il faut le faire, parce que je ne veux pas mourir avec ce poids sur ma conscience de ne pas avoir de relation avec mon père. Juan Pablo, tu as eu plus de chance parce que tu as eu une relation plus proche avec le tien, et le peu de temps vécu à ses côtés a été très intense. La mienne aura été plus traumatique, parce que ma mère m'a tenu éloigné de Colombie pendant plusieurs années, et quand je suis revenu, je suis resté à distance et nous n'avons pas eu de relation proche avec mon père. Nous nous sommes rapprochés pendant un temps, alors qu'il venait d'être arrêté, en 1995, mais parce qu'il avait besoin de moi pour faire un certain nombre de choses. Je pourrais te dire qu'il s'est fâché quand j'ai publié mon livre *No Elegí Ser El Hijo Del Cartel*[14], parce qu'il trouvait que je ne donnais pas une bonne image de lui. Je crois que j'ai été très respectueux, j'ai dit la vérité dans le sens où nous n'avons pas eu une bonne relation. Si on prend la décision d'écrire un livre, il faut raconter la vérité. Parce que l'idée était que ça serve à quelque chose, que ce soit un exemple pour que les gens ne suivent pas cette voie. Certains disent que nous avons eu notre heure de gloire. Moi, pour cette heure de gloire, j'ai vécu vingt ans de malheur, et ça continue encore tous les jours, parce que ce n'est pas facile de voir son père en prison et sa famille empêtrée dans les ennuis judiciaires. J'envisage de me rapprocher de mon père, je sens que je me dois de faire cette dernière tentative pour retrouver une relation avec lui. Ça vaut la peine de tenter une dernière fois de limer ces aspérités, parce

14. Édité par Temas de Hoy, 2015. *Je n'ai pas choisi d'être le fils du Cartel*. Livre non publié en français, *ndt*.

que je sais qu'elles ne sont pas ce qu'il croit, ni peut-être ce que je crois.

J.P.E. : C'est une situation très compliquée, William, parce qu'en effet il y a eu beaucoup de rumeurs selon lesquelles tu avais témoigné contre ton père et ton oncle.

W.R.A. : Écoute, je les ai attendus pendant quatre ans, alors que je fuyais la justice. Pendant tout ce temps, mon père me disait « reste calme, fils, je vais essayer de faire quelque chose pour toi », mais il n'a rien fait. C'est pour ça que j'ai pris la décision de me rendre, comme un moyen de leur mettre la pression pour qu'ils prennent une décision. En plus, aller au procès aurait été une folie parce que ça revenait à sacrifier quatre autres membres de ma famille qui seraient extradés : ma sœur Fernanda et Humberto, Jaime et Alexandra, mes cousins, les fils de Gilberto. Je me suis rendu pour tenter d'éviter leur extradition. On peut demander à l'agent spécial Edward Kacerosky, un enquêteur américain que beaucoup de monde connaît. Il a rempli sa part du marché en annulant les extraditions de mes proches quand je me suis rendu. Une fois arrivé aux États-Unis, j'ai avoué toutes mes relations avec la classe politique colombienne, mais lui, habilement, a fait courir le bruit que j'avais témoigné contre mon père et mon oncle. Cette rumeur est arrivée aux oreilles de mon oncle Gilberto, qui est quelqu'un d'arrogant et qui est devenu furieux contre moi. J'ai alors envoyé mon épouse parler avec mon père et mon oncle avec l'idée de leur expliquer que je n'avais pas témoigné contre eux, mais mon oncle a refusé de la recevoir, convaincu qu'il s'agissait d'un piège. Notre relation s'est brisée à ce moment-là et nous avons eu une violente altercation au cours de laquelle je lui ai même dit : « Ok, vieux fils de pute, je vais vous enterrer. » La vérité est que je n'ai jamais témoigné contre eux puisqu'il n'y a pas eu de procès. J'ai raconté ce que j'avais fait et si cela leur a nui, tant pis, parce qu'en fin de compte, ils n'ont pas pensé à moi non plus. Je sais que j'ai pris la meilleure décision. Voilà ce qu'il s'est passé et c'est bien triste que ça soit arrivé après tout ce que j'ai fait pour eux. J'ai livré une bataille juridique au Congrès, j'ai participé à beaucoup de réunions d'où il était difficile de repartir en vie. J'aimerais demander à mon père pourquoi il a fallu en arriver là, alors que ce n'était pas nécessaire. N'importe qui de sensé savait qu'ils allaient prendre trente ans de prison. J'ai toujours cru qu'ils me montreraient le chemin, mais ce chemin j'ai dû le trouver tout seul.

J.P.E. : Oui, c'est bien dommage que tu n'aies pas eu la possibilité de rétablir ta relation avec lui.

W.R.A. : Je vais faire la toute dernière tentative. Nous n'avons pas eu la possibilité de nous parler en personne toi et moi. Il faut le faire par ici, par Skype. Mais c'est le seul moyen, parce que je ne peux pas sortir des États-Unis et toi on ne te laisse pas y entrer.

J.P.E. : Pourquoi ne te laissent-ils pas sortir ?

W.R.A. : Ils ne me permettent pas encore de sortir parce qu'ils n'ont pas pu régler mon problème migratoire. Ils m'ont promis un visa, et chaque fois ils enregistrent mes empreintes digitales et ils me disent que ça y est presque, mais ça fait six ans et toujours rien. Il paraît qu'il faut compter dix ans pour espérer obtenir un visa de type S, mais ça tient quasiment du miracle.

CHAPITRE 3

« Cet homme a plus de vies qu'un chat »

Obtenir une rencontre avec le puissant chef paramilitaire Ramón Isaza, un homme qui a affronté et d'une certaine manière vaincu mon père, était essentiel pour comprendre depuis un autre point de vue la dynamique de cette guerre livrée il y a plus de deux décennies.

La dernière fois que j'ai entendu parler de lui, c'était vers le milieu de l'année 1994 – six mois après la mort de mon père –, quand ma mère, ma sœur et moi sommes revenus à la propriété de Nápoles accompagnés de deux procureurs et d'un agent de police sous couverture. Nous avions voyagé jusqu'à Magdalena Medio pour remettre plusieurs titres de propriété à un narcotrafiquant de la région, une des nombreuses conditions imposées par les ennemis de mon père pour nous laisser la vie sauve. Une fois que ma mère eut cédé les biens, nous décidâmes de passer la fin de la semaine à Nápoles, non sans en avertir Isaza au préalable, grâce à un émissaire qui nous fit savoir qu'il garantissait notre sécurité.

Le retour à la propriété de Nápoles plusieurs années après l'avoir quittée fut à la fois étrange et douloureux. La Mayoría, comme nous appelions la villa principale, était envahie par les mauvaises herbes, et le luxe et le confort d'antan avaient complètement disparu. Nous avons dû loger dans une partie de la propriété que l'on appelle « l'autre côté », où mon père avait fait construire des années auparavant quatre petites cabanes, la taverne el Tablazo, une salle opératoire et une pharmacie. Cette partie de l'hacienda était aussi détériorée, mais les chambres étaient à peu près en ordre et il ne suffisait que d'un peu de rangement pour pouvoir y loger.

Je me suis réveillé au petit matin le dimanche, suffoquant de chaleur. J'ai eu une peur bleue en voyant deux hommes armés d'un fusil passer devant la chambre. Réalisant discrètement que leur attitude ne semblait pas hostile, je me suis avancé vers eux pour avoir la confirmation que c'était bien Ramón Isaza qui les avait envoyés nous protéger. D'après ce qu'ils disaient, ils avaient été pris dans des affrontements armés avec des guérilleros de l'ELN[15] qui revenaient dans la région et qui s'étaient retranchés dans un secteur éloigné de Nápoles appelé *panadería*.

Nous, la famille de Pablo Escobar, pouvons attester que ce soir-là Ramón Isaza ne nous

15. Armée de libération nationale, groupe rebelle colombien, *ndt*.

considérait pas comme dangereux et que pour lui la guerre était finie. Je ne l'avais jamais vu, mais je l'ai remercié à distance pour sa protection. C'est pourquoi, maintenant que je m'aventure pleinement à redécouvrir mon père, je ne pouvais pas éluder le rôle clé qu'Isaza a joué dans la dernière partie de la traque qui allait aboutir en décembre 1993 à la mort du chef du cartel de Medellín. C'est grâce à l'intervention d'un de ses avocats qu'il a accepté de parler avec moi à Magdalena Medio, mais à une condition importante : l'entretien devait être bref, car il était âgé de soixante-quinze ans et sa santé précaire lui avait valu qu'un juge lui accorde la liberté conditionnelle. Isaza avait été incarcéré depuis 2006, quand il s'était démobilisé avec 990 hommes du groupe d'autodéfense de Magdalena Medio.

Nous nous sommes réunis pendant deux heures dans une cafétéria à Doradal, dans le département d'Antioquia, à deux kilomètres à peine de l'entrée principale de la propriété de Nápoles. *Don Ramón*, comme on l'appelle ici, s'est montré aimable mais distant, et sa façon de parler à voix basse le rendait parfois difficilement intelligible.

Malgré cela, nous avons pu maintenir un dialogue fluide, au cours duquel il m'a raconté des généralités sur sa vie, par exemple qu'il avait effectué son service militaire au début des années soixante-dix dans le département de Caquetá, où il apprit à combattre les Farc.

« Notre commandant nous disait tout le temps que le principal ennemi était Manuel Marulanda, *Tirofijo*, et que nous devions l'affronter avec courage. »

Des années plus tard, vers 1978, après qu'Isaza eut quitté l'armée et se fut installé dans une propriété de Las Mercedes, dans la commune de Puerto Triunfo, un détachement de l'ELN est arrivé au Magdalena Medio et a commencé à attaquer les éleveurs et les agriculteurs, ainsi qu'à fomenter un plan pour le séquestrer. Mais bien loin de se laisser intimider, Isaza décida de se défendre en utilisant les techniques militaires qu'il avait apprises dans la milice. Selon ses propres termes, pour repousser et contre-attaquer les subversifs, il créa une sorte de guerre de guérilla très efficace, qui lui permettait de reprendre des zones très étendues avec très peu d'hommes. C'est ainsi qu'avec à peine huit jeunes et autant de fusils, il élimina un certain nombre d'adversaires et mit les autres en fuite.

Ce qui est arrivé ensuite à Isaza est une histoire connue et il n'a pas souhaité, dans notre entretien, donner davantage de détails. Finalement, l'objectif de notre rencontre était d'avoir son opinion sur mon père et les détails qui les avaient poussés à devenir les pires ennemis.

***

D'après ce que l'on raconte, Jairo Correa Alzate – également connu comme *Jairo Caballo* – et mon père ont été associés pendant au moins cinq ans sur plusieurs routes de trafic de drogue qui empruntaient des pistes clandestines dans la région du Magdalena Medio pour arriver sans trop de problèmes jusqu'au sud de la Floride.

Mais, comme cela arrive chaque fois qu'il est question de pouvoir et d'argent, à un moment Correa prit son autonomie et commença à trafiquer de son côté jusqu'à devenir un riche propriétaire terrien qui possédait les meilleurs domaines des environs de la commune de La Dorada, dans le département de Caldas. Parmi ses propriétés, celle de « Japón », d'une superficie de 500 hectares, devint rapidement le symbole de son pouvoir dans la région. Très vite, les territoires contrôlés par Correa s'étendraient de La Dorada et Puerto Boyacá jusqu'à Puerto Berrío au nord et Concordia, à l'ouest du département d'Antioquia.

Furieux de la trahison de Correa, mon père décida de le séquestrer et, pour ce faire, demanda l'aide d'Henry Pérez, le chef des groupes d'autodéfense de Puerto Boyacá et proche de Gonzalo Rodríguez Gacha, *El Mexicano*. À cette époque, Ramón Isaza commandait son petit groupe d'autodéfense et avait son centre opérationnel dans la région de Puerto Triunfo, le fief de Pérez.

Pourtant, Pérez refusa de séquestrer Correa, au motif que c'était l'un de ses vieux amis et alliés.

Mon père fit alors savoir que celui qui n'était pas *avec* lui était *contre* lui, posant ainsi les bases d'une nouvelle confrontation qui ferait de nombreux morts dans les semaines suivantes dans cette région du pays.

Alors qu'il affinait sa stratégie pour attaquer Correa et Pérez, mon père se rendit compte que Ramón Isaza pouvait être un caillou dans sa chaussure à Puerto Triunfo en raison de sa proximité avec la propriété de Nápoles, et il décida de s'en débarrasser. Mais il le fit d'une façon très particulière : non pas par les balles, comme il en avait l'habitude, mais à travers un message, cordial quoique pressant.

C'est avec une lueur dans les yeux qu'Isaza se souvint du jour où il eut la surprise de recevoir une courte note de mon père qui lui donnait trente jours pour abandonner Magdalena Medio parce qu'il ne voulait pas en arriver au point de devoir le tuer.

Isaza répondit par une autre lettre dans laquelle il expliquait à mon père qu'il ne quitterait sous aucun prétexte la région où il résidait depuis plus de vingt ans et où il avait établi ses racines avec ses huit enfants.

Mon père lui envoya alors un autre message, par le biais d'un de ses employés, cette fois, dans lequel il lui faisait savoir qu'il disposait de 200 hommes armés prêts à le déloger de Magdalena Medio de gré ou de force.

« On aurait dit des tourtereaux qui s'échangent des mots doux », me dit Isaza avec un sourire malicieux.

Sa réponse fut un véritable défi lancé à mon père. Son employé ne revint jamais, mais en échange mon père reçut un pli avec un mot écrit à la main sur un bout de papier : « Don Pablo, envoyez 500 hommes si vous le souhaitez, car ces armes seront les bienvenues pour combattre les Farc. » La guerre était déclarée.

S'ensuivit une bataille sans merci dont le pays n'eut jamais vent. Pendant au moins trois ans, mon père et Ramón Isaza se sont affrontés dans un violent combat qui se solda par de nombreuses morts des deux côtés.

Le théâtre principal des faits était la route qui relie Doradal à La Danta, commune de Sonsón dans le département d'Antioquia, où les hommes de mon père fomentèrent pas moins de huit attentats contre Isaza sans parvenir à l'assassiner. Ils ne réussirent même pas à le blesser, malgré la puissance des bombes utilisées lors de ces attaques, les grenades à fragmentation ou les fusillades de plusieures heures à coup de fusils d'assaut AK-47 et AR-15.

Isaza se souvient en particulier d'un épisode dont il sortit indemne par miracle. Un jour où il venait de partir de La Danta en camionnette en direction de Doradal, il eut le pressentiment qu'une bombe allait exploser sur le chemin. Même si ses hommes vérifiaient la route assez fréquemment, quelque chose lui disait qu'il était en danger. Et cela arriva : une puissante charge explosa au passage de son véhicule, qui vola dans les airs avant de retomber sur un côté. Le conducteur mourut sur le coup et Isaza lui retomba dessus. Il dut alors sortir par la portière droite. Il parvint à grand-peine à ouvrir la portière et se jeta à terre, un fusil à la main, au moment même où un tueur s'approchait de lui pour l'achever. Mais Isaza fut plus rapide et réussit à abattre son agresseur. Une nouvelle fois, il était sauf.

Un autre jour, les hommes de mon père placèrent deux puissantes bombes sur la route vers La Danta et l'explosion coupa le véhicule qui transportait Isaza en deux. Il ne lui arriva rien non plus cette fois-là.

Face à ces échecs répétés, mon père déclara un jour : « Cet homme a plus de vies qu'un chat. » Mon père réussit malgré tout à frapper durement ses ennemis de Magdalena Medio à deux reprises. Il le fit alors qu'il était déjà reclus dans la prison de La Catedral et qu'il avait pu recomposer son appareil criminel. Ainsi, le 20 juillet 1991, quatre semaines après la reddition de mon père à la justice, un commando de trois hommes et une femme assassinait Henry Pérez pendant la procession de San Isidro, à Puerto Boyacá. Et au mois de décembre suivant, lors d'une embuscade à Puerto Triunfo, des assassins à la solde de mon père tuaient par balle John Isaza, un des fils de Ramón Isaza.

La disparition d'Henry Pérez, grand chef des groupes d'autodéfense du Magdalena Medio, supposa une promotion pour Ramón Isaza, qui acquit ainsi un immense pouvoir dans la région. Sa première tâche fut de faire face à l'offensive de mon père, et pour cela, il eut recours aux méthodes de contre-guérilla qu'il avait apprises à l'armée. Ses hommes commencèrent alors à couvrir de vastes zones de Magdalena Medio et réussirent à repousser les incursions de dizaines de combattants envoyés dans la région par mon père.

L'appareil défensif et de renseignement d'Isaza était particulièrement efficace pour détecter et arrêter immédiatement toute personne étrangère à la zone. Le moindre suspect était abordé et assassiné s'il ne donnait pas d'explication crédible sur sa présence dans la région. Isaza préfère ne pas s'aventurer à dire combien d'hommes de mon père il a tués, mais son léger sourire et son long silence indiquent que le chiffre de trois cents que j'avance ne lui semble pas exagéré.

Après l'évasion de mon père de La Catedral, Isaza rejoignit les *Pepes* et, depuis Magdalena Medio, contribua à éviter que mon père ne reprenne ses anciennes possessions. Il avait aussi un contact direct avec les officiers du Bloc de Recherche, qu'il informait de la moindre nouveauté dans la région.

Ainsi, avec un parcours déjà long derrière lui et presque en paix avec la justice – même s'il doit encore assister de temps à autre à des audiences à Bogotá ou Medellín –, Ramón Isaza maintient une présence très active à Doradal et Puerto Triunfo, les deux lieux emblématiques où mon père s'est fait connaître pour son énorme pouvoir économique et pour son appareil criminel sans pitié.

CHAPITRE 4

Nouvelles versions de vieilles histoires

La relation qu'a entretenue mon père avec certains responsables importants du *Movimiento 19 de Abril*, le M-19, a fait couler beaucoup d'encre pendant ces trente dernières années. Ce sont des liens démontrés au fil des ans, qui ont fait l'objet de différentes interprétations selon la période de l'histoire que traversait le pays.

Les recherches sur mon père m'ont permis de faire de nouvelles découvertes sur le sujet, qui ne le présentent pas sous un bon jour, bien au contraire, puisqu'elles dévoilent des facettes de lui que j'ignorais et qui m'ont profondément déconcerté.

Ma quête de vérité autour de nombreux épisodes partagés par mon père et le M-19 m'a mené à Otty Patiño, l'un des fondateurs de cette organisation révolutionnaire. Il était intéressé par l'idée de parler avec moi sans tabou des événements survenus entre 1980 et 1991, période durant laquelle le mafieux et les rebelles de gauche se sont retrouvés, à différents moments, mus par des intérêts divergents.

Mon interlocuteur s'est révélé être un homme cultivé, très précis sur les dates, aimable, quoique distant.

« Ce que je vais vous raconter s'est passé comme ça…, dit Patiño, catégorique. Ce ne sont pas des interprétations des faits, mais la véritable façon dont ces faits se sont déroulés. »

Patiño ne pouvait cacher une certaine méfiance d'être en compagnie du fils de Pablo Escobar et je me suis vite rendu compte qu'il ne souhaitait pas établir de relation avec moi mais simplement poser noir sur blanc son récit de certains événements importants dont il avait été témoin et que j'avais abordés dans mon premier livre, *Pablo Escobar, mon père*, publié deux ans auparavant.

Sans préambule, et comme si nous avions établi un ordre du jour au préalable, nous commençâmes à parler de l'enlèvement et la séquestration de Martha Nieves Ochoa, perpétrés par une cellule du M-19, le 12 novembre 1981, à Medellín. Cet épisode serait le premier d'une série de rencontres entre mon père et cette organisation subversive. Comme nous le savons, cet acte allait motiver la création du mouvement *Muerte a Secuestradores*[16], MAS, une organisation clandestine créée exclusivement pour libérer Martha Nieves.

Selon son récit, au début de l'année 1981, le M-19 devait faire face à deux problèmes sérieux :

16. Mort aux Ravisseurs, *ndt.*

un problème opérationnel, consécutivement aux coups qu'il avait subis et qui s'étaient traduits par la capture de beaucoup de leurs cadres, commandants, intermédiaires et soldats de base, d'une part ; et un problème économique, parce que les finances du mouvement allaient de mal en pis. À cette époque, l'argent ne s'obtenait que par les opérations d'enlèvements.

Pour résoudre ces difficultés, le chef suprême du M-19, Jaime Bateman Cayón, entré en clandestinité, prit contact avec Patiño – alors commandant de la Regional del Café – et lui demanda de se rendre à Bogotá avec le double objectif de coordonner la force militaire urbaine, précaire, du mouvement et de la concentrer sur des actions à visée économique, à savoir recourir à de gros enlèvements.

« Bateman savait que les enlèvements étaient politiquement et socialement coûteux, c'est pourquoi il disait qu'il fallait en faire peu et si possible viser des étrangers. Mais il fallait surtout qu'ils rapportent beaucoup d'argent. »

Patiño accepta la mission et ne tarda pas à demander à Elvencio Ruiz – un sociologue et professeur qui avait abandonné Cali, sa terre natale, pour cofonder le M-19 – de voyager jusqu'à Medellín pour procéder à un enlèvement. À cette époque, le M-19 ne disposait pas d'un réseau urbain solide dans cette région du pays, et même s'il pouvait compter sur la sympathie de certains secteurs de la société qui approuvaient ses orientations politiques et ses audacieuses opérations militaires – comme la prise de l'ambassade de République dominicaine ou le vol de 4 000 armes du Cantón Norte et de l'épée de Simón Bolívar, *El Libertador*, ils n'avaient pas pour autant vocation à devenir une force armée opérationnelle.

Fort du courage qui le caractérisait, Ruiz débarqua dans la capitale du département d'Antioquia et se trouva face à une situation particulière : le processus de décomposition du groupe Tendencia ML, qui avait compté de nombreux militants dans les communes de Medellín. Et comme le navire coulait, certains de ses membres cherchaient à intégrer les rangs des bandes de narcotrafiquants naissantes, ou ceux du M-19. D'autres étaient davantage enclins à s'éloigner de la vie politique clandestine.

Après avoir pris contact avec quelques anciens membres de Tendencia ML, Ruiz trouva un premier objectif qui pourrait bien venir remplir les caisses du mouvement : Pablo Escobar Gaviria, un homme sur lequel circulaient peu d'informations, hormis la rumeur populaire concernant sa fortune.

Le premier renseignement qu'obtint Elvencio Ruiz pour trouver et enlever Escobar lui vint d'un homme du B-2 de la Quatrième Brigade de l'armée de terre – le renseignement militaire – qui travaillait en fait pour le parrain. Ruiz ne le savait pas et il fut capturé alors qu'il était réuni avec le militaire et emmené jusqu'à l'endroit où se trouvait Escobar.

C'est ainsi que le guérillero Elvencio Ruiz se retrouva en face de Pablo Escobar, ignorant tout du puissant chef du cartel de Medellín qu'il était déjà.

« Alors comme ça, c'est vous qui alliez m'enlever ? Qui êtes-vous ? D'où venez-vous ?

– Monsieur, nous sommes du M-19 et nous avons reçu l'ordre de venir à Medellín chercher de l'argent. »

La conversation entre mon père et le révolutionnaire dura quelques minutes, jusqu'à ce que survienne un événement inattendu, d'après le récit d'Otty Patiño.

« Je ne suis pas aussi riche qu'on le dit, indiqua mon père, et en plus je suis un homme de gauche. Il existe ici, à Medellín, des gens vraiment riches, les Ochoa, par exemple.

– Qui sont-ils ? demanda Ruiz.

– Ils ont beaucoup d'argent, des chevaux, des terres… »

À la fin de la conversation, mon père laissa Ruiz en liberté et lui remit une liasse de dollars, dix mille, semble-t-il. Le guérillero rentra immédiatement à Bogotá et s'en alla trouver Otty Patiño pour lui raconter ce surprenant épisode survenu à Medellín.

Quoi qu'il en soit, Ruiz avait toujours pour mission de trouver de l'argent pour le M-19 et garda en tête l'idée d'enlever un des membres de la famille Ochoa mentionnée par Escobar. Il commença alors à demander qui pouvait les connaître. Au bout de quelques semaines, la recherche porta ses fruits, et Marta Helena Correa, étudiante à l'Université d'Antioquia qui avait milité dans les rangs de Tendencia ML avant de rejoindre récemment ceux du M-19 en tant qu'activiste secrète, révélait qu'elle était la camarade de faculté d'une jeune femme appelée Martha Nieves Ochoa, et qu'en effet elle était membre d'une famille reconnue de Medellín dont on voyait à cent lieues qu'ils avaient de l'argent. En réalité, les deux étudiantes étaient bonnes amies, et non pas de simples camarades de classe, à tel point que Martha Nieves s'était montrée très solidaire quand Marta Helena avait été arrêtée pour son appartenance à Tendencia ML.

Après plusieurs jours de filature, trois hommes enlevèrent Martha Nieves devant l'université et la tinrent confinée dans une propriété non loin de Medellín. Mais au lieu d'entamer une négociation, la famille fit savoir clairement qu'elle n'était pas disposée à verser ne serait-ce qu'un peso pour la faire libérer. Au contraire, le M-19 fut surpris de constater que soudainement certains membres du mouvement étaient assassinés ou enlevés. Sans pouvoir expliquer ce qu'il se passait, Marta Helena Correa s'enfuit de Medellín quelques semaines après l'enlèvement et s'en alla trouver Otty Patiño et d'autres dirigeants du M-19, à Bogotá, pour leur faire un rapport complet de la tuerie qui avait cours en raison de la séquestration de Martha Nieves Ochoa.

« Marta Correa s'est aperçue de l'énorme erreur qu'elle avait faite, non seulement envers son amie, mais aussi de ce que celle-ci impliquait pour sa propre vie », se souvient Patiño.

Marta Correa en était malade et s'en voulait terriblement puisque, par sa faute, sa camarade d'étude était retenue prisonnière et que désormais ses amis du M-19 se faisaient massacrer par un groupe clandestin qui entendait la libérer. Ni les ravisseurs, ni les dirigeants du M-19 ne savaient que le MAS était coordonné personnellement par Pablo Escobar, qui bénéficiait de la collaboration directe du paramilitaire Fidel Castaño et d'autres mafieux, ainsi que de l'aide discrète d'officiers de l'armée de terre et de la police de Medellín qui leur transmettaient les renseignements qu'ils obtenaient sur cette affaire.

À ce moment de la conversation, Patiño fait une pause dans son récit pour expliquer que la situation personnelle de Marta Correa était très complexe, puisqu'elle venait de mettre fin à une relation sentimentale avec Luis Gabriel Bernal, un autre membre du groupe rebelle. Pour l'aider à résoudre ses problèmes, Patiño l'envoya à Cali jusqu'à ce que la tempête se calme et, dans le même temps, il planifia le transfert vers Medellín d'une nouvelle cellule de guérilleros qui devait exfiltrer Martha Nieves Ochoa de l'endroit où elle était enfermée pour la cacher ailleurs. Patiño, entre-temps, cachait Elvencio Ruiz dans sa maison du quartier de Ciudad Montes, dans le sud-ouest de Bogotá.

« La personne que j'ai envoyée n'avait pas de base sociale à Medellín et c'est pour cela que Martha Nieves fut détenue dans des conditions précaires à la campagne. »

Malgré tout, la stratégie fonctionna, puisque le MAS perdit la piste de l'otage, preuves en sont les annonces publiées par la famille Ochoa dans plusieurs journaux tout au début du mois de janvier 1982 – sept semaines après l'enlèvement – dans lesquelles la famille promettait 25 millions de pesos en récompense pour toute information sur le lieu où se trouvait Martha Nieves.

Les dirigeants du M-19 savaient qu'elle n'allait pas bien, mais, au moins, elle était à l'écart de la structure guérillera qui l'avait séquestrée, et, de ce fait, le bain de sang s'était considérablement réduit, même si la persécution implacable se poursuivait.

L'apparente normalité de ces jours-là fut brisée par un épisode dont a réchappé Otty Patiño par pur hasard : quand c'est arrivé, Luis Gabriel Bernal lui raconta que Marta Correa était rentrée de Cali et lui avait dit qu'il fallait qu'ils se voient pour parler de leur relation.

« Je lui ai dit : “Ne vous voyez pas, mon frère, ne vous voyez pas.” Je ne pensais pas à des questions de sécurité, mais simplement à la difficulté d'entretenir une relation aussi conflictuelle. J'avais vu Marta très affectée et ils ne se faisaient pas du bien mutuellement. Je lui disais : “Vous savez, nous sommes dans une situation très compliquée et nous n'avons pas besoin de problèmes de couple en plus” », expliqua Patiño.

Bernal accepta le conseil, et Patiño se proposa de récupérer Marta Correa non loin du *parque de Los Novios*[17], à Bogotá. Mais alors qu'il se dirigeait vers le lieu de rendez-vous, il reçut un message de Jaime Bateman qui lui demandait de faire une course urgente pour lui à un autre endroit de la ville. Patiño demanda alors à son épouse de l'époque, Ana, d'aller au rendez-vous et d'emmener Marta dans un lieu sûr où il les rejoindrait plus tard. Elle accepta, mais pendant le trajet avec ses deux enfants, elle se rendit compte que quelqu'un la suivait et elle changea de direction pour aller vers le quartier Chapinero, où elle tenta de se cacher dans les toilettes d'un magasin. Mais par malchance, l'un

17. Parc des Fiancés, *ndt.*

des enfants se mit à pleurer et des agents en civil du B-2 – renseignement militaire – la trouvèrent et l'arrêtèrent en lui demandant de leur dire où elle habitait.

« Moi j'attendais à l'endroit prévu, mais ne voyant personne arriver, j'ai appelé à la maison et c'est Elvencio Ruiz qui m'a répondu. Je lui ai dit : “Il faut faire vite, mon frère, Ana n'est pas venue, cachez-vous.” Mais il n'en a rien fait. Cela ne lui paraissait pas si grave, alors il est resté sur place. Il faut dire qu'Elvencio ne s'en faisait jamais beaucoup. C'est alors que le MAS et le B-2 ont débarqué à la maison, où se trouvait Elvencio, avec mon épouse et les deux enfants. »

Les militaires et le MAS les emmenèrent vers un lieu secret et les enfermèrent dans l'obscurité, puis ils interrogèrent Ana pendant des heures pour savoir si elle savait quoi que ce soit de l'enlèvement de Martha Nieves Ochoa. Mais ils virent assez rapidement qu'elle n'était au courant de rien, puisqu'elle n'était pas une militante active du M-19.

Le dénouement fut rapide : la famille d'Otty Patiño fut libérée une fois que les militaires eurent vérifié qu'elle n'avait rien à voir avec l'enlèvement de Martha Nieves. Marta Correa et Elvencio Ruiz furent emmenés par le MAS à Medellín et, quelques jours plus tard, le corps de Marta apparu enchaîné aux grilles du journal *El Colombiano*, portant un panneau qui la signalait comme ravisseuse. Elvencio fut retrouvé en vie dans un sac.

Malgré cette série d'événements, le MAS ne réussit pas à localiser Martha Nieves et la famille Ochoa fut forcée d'entamer un processus de négociation avec le M-19 qui aboutirait au paiement d'une rançon en millions. Elle fut finalement libérée à Génova, dans le Quindío, le 16 février 1982.

Pour conclure cette partie de l'entretien, Otty Patiño fit une sorte de radiographie de mon père en revenant sur la phrase qu'il avait dite à Elvencio Ruiz selon laquelle il était un homme de gauche :

« Pablo était quelqu'un de très, très compliqué ; il avait des alliances avec l'armée, mais il déclarait la guerre à la police ; il avait des amis politiques traditionnels, comme Bernardo Guerra[18], et il prétendait en même temps avoir des amis de gauche ; il voulait être un leader populaire ; il avait de nombreuses facettes. Ce qui est certain, c'est qu'il était différent du cartel de Cali sur un point : si Miguel Rodríguez était le chef de la police de Cali, Pablo était le chef des voyous de Medellín. Et en tant que chef des

18. Homme politique libéral colombien né le 1er décembre 1930. Dénoncé par le journal *El Espectador* comme récipiendaire de l'argent du trafic de drogue, où les noms d'Álvaro Uribe Velez ou de Norberto Morales Ballesteros, parmi tant d'autres, sont également mentionnés. Ce fait est considéré comme le déclencheur de la décision de Pablo Escobar de mettre une bombe dans les locaux dudit journal.

voyous, c'était un homme avec de profondes racines populaires. C'était un débrouillard courageux qui n'avait pas de limites. À la longue, il n'avait même pas d'amis. »

***

La conversation avec Otty Patiño sur l'enlèvement puis la libération de Martha Nieves Ochoa semblait terminée, mais non. Selon son récit, quelques mois après l'assassinat du candidat du M-19 à la présidence – Carlos Pizarro Leongómez – par un tueur qui l'avait criblé de balles dans un avion en plein vol vers Barranquilla, en avril 1990, plusieurs anciens membres du M-19 désormais dissous furent désignés par le gouvernement pour enquêter sur ce crime.

Rappelons que, une fois le crime commis et sans qu'il y ait eu la moindre enquête, les organes de sécurité désignèrent mon père comme commanditaire. C'est pour cela que je mentionnai à Patiño un commentaire qu'avait eu mon père lorsqu'il avait appris le magnicide :

« Grégory[19], je ne peux même pas démentir ça, parce que si je déclarais que ce n'est pas moi qui ai fait le coup, j'entrerais en guerre contre les Castaño. *Carlitos* – Castaño – m'a appelé et m'a dit : "*Patrón*, celui-là il est pour nous". »

---

19. C'est comme cela qu'on m'appelait dans la famille.

À la suite de ce commentaire, Patiño expliqua que pendant les investigations pour établir les véritables causes de l'homicide de Pizarro, un message de la famille Ochoa lui parvint, disant qu'ils souhaitaient s'entretenir personnellement avec lui. Il accepta et quelques jours après Martha Nieves Ochoa récupérait Patiño quelque part à Medellín et l'emmenait directement à la prison de haute sécurité d'Itagüí, où l'attendaient les frères Jorge Luis, Juan David et Fabio Ochoa Vásquez, qui s'étaient rendus à la justice en décembre 1990.

« Je pensais qu'ils allaient me fournir des informations sur l'assassinat de Pizarro, puisque j'avais déjà évacué la possibilité que Pablo Escobar ait été impliqué directement, même si le directeur du DAS, le général Miguel Maza, assurait pour sa part qu'il était le coupable. Je savais que ce n'était pas Escobar, mais je n'avais pas la moindre idée du vrai commanditaire, étant donné la complexité des jeux de pouvoir de cette époque. »

Après quelques minutes de discussion informelle, les Ochoa et Patiño parlèrent de certains détails de la séquestration de Martha Nieves, survenue près de dix ans avant.

« Les deux aînés, Jorge Luis et Juan David, m'ont salué puis nous avons commencé à parler et ils m'ont dit : “C'est nous qui avons pris ta femme et tes enfants et nous les avons bien traités, nous ne leur avons rien fait". Je leur répondis qu'il valait mieux ne pas parler de cela. »

Ensuite, les Ochoa ont formulé une proposition insolite :

« Nous voulons vous proposer d'inscrire Martha Nieves sur une liste de l'Alliance Démocratique M-19 pour le Conseil de Medellín. »

La proposition troubla Patiño, qui parvint à répondre qu'il ne pouvait pas prendre ce type de décisions sans consulter le mouvement. L'idée n'aboutit finalement pas, et Patiño et les Ochoa ne se sont plus jamais parlé.

***

À mesure que l'entretien avec Otty Patiño avançait, et voyant que nous en étions encore à parler de l'enquête sur l'assassinat de Carlos Pizarro, je lui demandai de m'en dire davantage sur un nom qu'il avait prononcé plusieurs fois : Fidel Castaño.

Il accepta et me dit dès le départ que, dans le cadre des investigations autour du crime de Pizarro, Álvaro Jiménez, dirigeant du M-19, et lui s'étaient réunis avec Fidel Castaño dans la propriété de Las Tangas, l'enclave paramilitaire emblématique, dans le département de Córdoba, et avaient eu une très longue conversation.

C'est là que, sans entrer dans les détails, Castaño leur confirma froidement qu'il avait été derrière l'assassinat de Carlos Pizarro.

« J'ai posé la question à Fidel, mais comme c'était quelqu'un de fier, je suppose qu'il n'a pas voulu me mentir et il m'a dit qu'il avait effectivement quelque chose à voir avec la mort de Pizarro. J'ai essayé d'en savoir plus, mais il n'a plus voulu répondre. J'ai insisté pour savoir qui l'avait commandité, et il m'a répondu que c'était l'oligarchie. Puis il m'a demandé : "Vous ne savez pas qui c'est, l'oligarchie ? Vous ne lisez pas les journaux ? Vous ne lisez pas *El Tiempo* ?" »

Patiño se souvient que Castaño est entré dans un long silence qui allait ensuite les mener à un autre sujet dont parlait le pays tout entier à cette époque : la reddition, devant la justice, de mon père, et son confinement dans la prison de La Catedral, en juin 1991.

« Ce *man* a craqué en se rendant », déclara Fidel Castaño sans détour, et je compris qu'en langage de narcos, cela voulait dire avoir un pied dans la tombe. Ce commentaire brisa la glace et Castaño, que Patiño et Jiménez ont trouvé étrange et complexe, commença à leur raconter une partie de sa vie qu'ils ignoraient. D'emblée, la discussion servit à casser un mythe : celui selon lequel les frères Fidel et Carlos Castaño avaient déclaré la guerre à la subversion à la suite de l'enlèvement et de l'assassinat de leur père par les Farc.

« J'étais l'aîné d'une fratrie de treize, et mon père, Jesús, était un enfoiré qui nous traitait très mal, comme des esclaves, et nous faisait travailler du lever au coucher du soleil. C'est pourquoi nous étions heureux d'aller à l'école », expliqua Castaño à ses interlocuteurs.

Il raconta ensuite que, à l'âge de quatorze ans, il s'échappa de la maison et s'en alla vivre à Georgetown, capitale du Guyana, en quête d'un meilleur avenir. Et il le trouva, puisqu'il se lança dans le commerce des diamants, ce qui rapidement lui rapporta suffisamment pour aller en Europe rencontrer des membres influents de la communauté israélienne. Après une courte période à l'étranger pendant laquelle il parvint à économiser un peu d'argent, il revint en Colombie et fit une sorte de coup d'État contre son père tyrannique et devint le chef de la famille. La première chose qu'il fit, ce fut de vendre la propriété à Amalfi, à Antioquia, où ils avaient vécu toute leur vie, pour s'installer tous ensemble dans une hacienda à Córdoba.

C'est à ce moment – d'après le récit de Fidel Castaño lui-même – qu'il est entré en contact avec certains trafiquants d'Antioquia qui commençaient leur activité de traitement d'une pâte rapportée de Bolivie pour la transformer en cocaïne. C'est là qu'il fit la connaissance de mon père et que lui et deux de ses frères commencèrent leurs voyages en Bolivie et au Pérou pour lui fournir la matière première nécessaire à la production de cocaïne à grande échelle. Les Castaño devinrent riches rapidement et, dans le même temps, Fidel établit une coopération étroite avec des officiers de l'armée à Córdoba, qui lui donnèrent carte blanche pour tuer délinquants et guérilleros. C'est dans ce cadre qu'au début des années quatre-vingt eut lieu l'enlèvement du père des Castaño par plusieurs hommes des Farc qui l'avaient extrait de la propriété que Fidel avait achetée. Rosa Eva, l'épouse, et plusieurs de ses filles, craignant que les guérilleros n'assassinent Jesús, supplièrent Fidel de payer la rançon, mais celui-ci se montra réticent à l'idée de financer les activités de la subversion. Pourtant, les supplications insistantes firent leur effet et il finit par accepter de remettre une forte somme d'argent. Non seulement son père ne fut jamais rendu, mais les ravisseurs exigèrent encore plus d'argent. Castaño insista pour ne pas payer de nouvelle rançon et il apprit peu de temps après que son père était mort depuis plusieurs semaines.

« En conclusion, Fidel Castaño était déjà paramilitaire quand les Farc séquestrèrent son père, qu'ils choisirent comme cible parce que la fortune des Castaño était déjà visible », maintient Patiño.

Sur le ton de l'anecdote, et pour conclure ses commentaires sur Fidel Castaño, Patiño raconta que Carlos Pizarro avait toujours été partisan d'un processus de paix en Colombie qui incluait tous les acteurs illégaux, sans laisser de côté les narcotrafiquants. Il se souvint que Pizarro avait envoyé un message en ce sens à mon père, qui répondit qu'il était prêt à s'asseoir autour d'une table pour une négociation élargie. Mais l'idée fut abandonnée à la suite du sabotage de Castaño.

« Fidel était proche d'une tendance sociale et militaire très rétive à la paix. Ceux-là mêmes qui décidèrent de la mort de Pizarro. »

***

La conversation avec Otty Patiño, déjà longue et de plus en plus détendue, nous mena à un sujet épineux qui était devenu au fil du temps pour le M-19 une sorte de point d'honneur : le vol puis la restitution de l'épée du *Libertador* Simón Bolívar.

Pourquoi ? Parce qu'entre le vol du précieux symbole, en janvier 1974 – qui signa le premier grand coup du M-19 tout récemment créé –, et le complexe processus de restitution, dix-sept ans plus tard, à un certain moment, mon père fut impliqué.

La discussion avec mon interlocuteur se concentra alors sur un épisode lié à ce sujet que j'ai raconté dans mon premier livre, *Pablo Escobar, mon père*. Mon père m'avait offert une épée qui selon lui avait appartenu à Simón Bolívar, *El Libertador*, et qu'il allait me demander de lui rendre des années après parce qu'il devait la restituer à ceux qui la lui avaient donnée.

Avant que Patiño ne commence à parler de cet épisode, je lui répétai que mon père m'avait raconté bon nombre de ses méfaits, et que j'avais fini par considérer que ce cadeau était bien la véritable épée de Bolívar.

Les commentaires qu'allait faire Patiño sur mes propos seraient très révélateurs, puisqu'il se décida à raconter ce qui, d'après lui, était advenu de l'épée à partir du moment où elle avait été dérobée à la maison-musée *Quinta de Bolívar*, en plein centre de Bogotá.

« C'est faux. Non pas que vous n'ayez pas eu une épée entre les mains, ni que votre père ne vous ait pas dit : "Voyez, Grégory, voici l'épée de Bolívar." Je ne sais pas pourquoi votre père vous a dit ça. Peut-être quelqu'un l'a-t-il arnaqué, même s'il était difficile de tromper Pablo Escobar, en lui disant qu'il lui vendait l'épée de Bolívar, et qu'il avait décidé de l'acheter puis, sans savoir qu'en faire, vous l'avait donnée. C'est difficile, mais c'est une possibilité. Ce qui est vrai, c'est que cette épée n'était pas celle de Bolívar, pas celle que nous avions prise de la *Quinta*. Je vais vous raconter comment cela s'est passé : après le vol des armes de la base militaire du Cantón Norte, en plus des interrogatoires aux personnes détenues, torturées pour savoir qui avait les armes et où elles se trouvaient, la question la plus importante qu'ils posaient était : où était l'épée de Bolívar et où se cachait Jaime Bateman ? Bateman le sut et dit : "Je veille sur ma vie, mais il faut faire sortir du pays l'épée de Bolívar." L'épée se trouvait à Bogotá et nous avons alors contacté les Cubains pour la remettre à l'ambassadeur de Cuba en Colombie de l'époque, Fernando Ravelo. Les Cubains l'ont récupérée et l'ont conservée à l'ambassade à Bogotá. J'ai participé à la remise. Que s'est-il passé ensuite ? Quand un commando du M-19 est parti s'entraîner à Cuba pour préparer l'invasion par les départements de Chocó y Nariño, le gouvernement de Julio César Turbay a rompu les relations avec La Havane. Et le premier ordre que reçurent les Cubains fut de faire sortir l'épée. Et c'est ce qu'ils firent, en transportant l'épée jusqu'au Panamá pour la remettre au général Ómar Torrijos. Elle demeura dans ce pays pendant un temps, puis, après la mort de Torrijos, elle revint une nouvelle fois aux Cubains, qui la gardèrent cette fois à l'ambassade de Cuba au Panamá. Ce qui veut dire qu'une fois que nous avons fait sortir l'épée de Colombie, elle n'y est jamais revenue avant le jour où nous l'avons rendue. »

À ce stade du récit, Otty Patiño fait référence à une rencontre récente à Cuba avec Fernando Ravelo y Alberto Cabrera – premier secrétaire de l'ambassade cubaine à Panamá – à l'occasion des célébrations des vingt-cinq ans de la démobilisation du M-19, au cours de laquelle ils se remémorèrent le parcours de l'épée. Ils travaillaient pour le département Amérique, qui dépendait du gouvernement cubain et avait son siège à La Havane.

« Cabrera se rappelait qu'il se trouvait à Panamá quand eut lieu l'invasion des États-Unis, en décembre 1989, pour emmener le général Manuel Noriega, et que l'épée était à l'ambassade. Il avait alors appelé Manuel *Barbarroja* Piñeiro, le chef du département Amérique, et lui avait demandé ce qu'il devait faire de "la fourchette", s'en débarrasser, ou quoi faire ? "La fourchette" était leur nom de code pour l'épée. *Barbarroja* lui dit "non, vous me la ramenez, même si vous devez y laisser la vie". Comme ils devaient quitter le Panamá par avion et que les gringos avaient pris le contrôle de l'aéroport de la ville de Panamá, Cabrera enveloppa "la fourchette" dans des couvertures et la fit sortir du pays dans la valise diplomatique. »

Avec l'épée en lieu sûr à La Havane et alors que le M-19 avait déjà formalisé sa démobilisation et son retour à la vie civile, plusieurs parlementaires, dont le représentant à la Chambre, Pablo Victoria, ont commencé à fustiger Antonio Navarro Wolff, un des anciens commandants du M-19 qui venait d'être nommé ministre de la Santé par le président César Gaviria, lui intimant de rendre l'épée. Navarro et Patiño échangèrent sur le sujet et prirent une décision de fond.

« Ils commençaient à emmerder Navarro, alors nous avons décidé de rendre cette foutue épée. Comme il n'y avait pas d'ambassade colombienne à Cuba à cette époque, je me suis rendu à Caracas pour m'entretenir avec l'ambassadeur cubain au

Venezuela et lui dire qu'il nous fallait l'épée. La condition que les Cubains posèrent fut que Navarro devait aller personnellement la chercher. Alors Navarro y est allé et a ramené l'épée, que j'ai cachée chez moi jusqu'à ce que nous la remettions au gouvernement. C'est pour cette raison qu'il est impossible que quelqu'un ait fait preuve d'une telle confiance politique envers Pablo Escobar. Cette épée était le principal symbole qu'avait le M-19, ils n'allaient pas transférer une telle responsabilité à quelqu'un comme votre père. »

Finalement, le 31 janvier 1991, lors d'une cérémonie, les anciens commandants du M-19 remirent l'épée au président Gaviria. Mais à une condition :

« La condition que nous avons imposée à Gaviria était qu'ils la mettent dans un endroit sûr, parce que les Farc pourraient la voler de nouveau et clamer qu'ils l'avaient récupérée. Comme ils nous considéraient comme des traîtres, ils pouvaient dire : "Voyez ce qu'avait le M-19." Nous avions cette inquiétude. Alors le gouvernement l'a placée dans un coffre de la Banque de la République. »

***

Après ces révélations sur le périple de l'épée de Bolivar, vint une autre histoire encore plus impressionnante : celle de la prise du Palais de justice, en novembre 1985.

Durant cette conversation, Otty Patiño était déterminé à démystifier la légende construite au fil des années autour du rôle joué par mon père dans ces événements tragiques.

L'idée de prendre le Palais de justice venait à la base d'Álvaro Fayad, commandant du M-19 à cette époque, décidée à la suite du coup très dur subi par l'organisation avec la mort d'Iván Marino Ospina aux mains de l'armée, en août 1985. Le déroulement chaotique du processus de paix avec le président Belisario Betancur recevait un nouveau coup mortel et c'est pourquoi Fayad avait cru que l'heure était venue de mettre un coup de pied dans la fourmilière et de contraindre le gouvernement à reprendre le dialogue.

« Il était clair que Belisario ne voyait plus d'intérêt au processus », explique Patiño. La prise du Palais était une manière de le forcer à poursuivre le dialogue. Parce qu'un processus de paix sans dialogue est mort dans l'œuf, et il y avait des deux côtés de plus en plus d'actions menées qui fragilisaient toujours davantage ce processus. La seule façon de le sauver, c'était clair aux yeux de Fayad, serait d'exécuter cette opération. L'idée était de dénoncer publiquement les nombreux mensonges diffusés par les médias, l'armée, et même le monde politique, sur ce qu'il s'était passé ces derniers mois autour du processus de paix.

Voici l'une des photographies prises par le pilote Barry Seal au Nicaragua, en 1984, où l'on distingue mon père dans une opération de chargement de cocaïne dans un avion où était dissimulé un puissant appareil photo.
Ces images allaient coûter la vie à Seal.

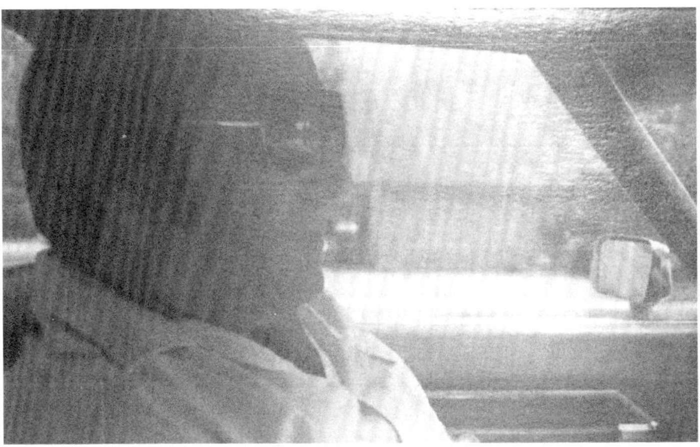

Voici Barry Seal, le pilote audacieux qui travailla avec mon père. Il apparaît ici dans sa Cadillac blanche, dans laquelle il sera assassiné, en 1986, par des tueurs envoyés de Colombie par mon père.

Seal était propriétaire d'une flotte de quatre avions, qu'il appelait la « Marijuana Air Force ». Il apparaît ici dans l'un de ses aéronefs à son arrivée aux Bahamas avec sa famille.

Sur cette image, une particularité de Barry Seal : il portait toujours avec lui une sacoche pleine de monnaies de différents pays. Il les utilisait pour passer des appels depuis des téléphones publics pour les questions liées au trafic de drogue.

© famille Marroquín Santos

Ma rencontre à Mexico avec Aaron Seal, fils de Barry Seal, fut émouvante. Dans un geste qui l'honore, il me dit qu'il avait pardonné à mon père d'avoir ordonné l'assassinat de son père.

Pure preuve de son authentique geste de réconciliation, Aaron s'est séparé d'un objet de valeur : l'emblème de la TWA, la compagnie aérienne pour laquelle son père avait travaillé, de l'histoire de laquelle il était le plus jeune pilote.

Voici la famille
de Barry Seal.
À droite, son épouse,
Debbie, et en bas,
ses enfants, Dean,
Christina et Aaron.

Voici la photographie préférée de mon père. Il en faisait mettre une copie agrandie dans tous les lieux où il se trouvait et il l'avait accrochée à l'un des murs de sa chambre de la prison de La Catedral.

Le dialogue via Skype avec William Rodríguez fut dramatique. Nous étions unis par un paradoxe : lui ne pouvait pas sortir des États-Unis et moi je ne pouvais pas y entrer.

Au cours de notre longue conversation, William Rodríguez fait plusieurs révélations sur la bombe contre l'immeuble Mónaco, où nous vivions, ma mère, ma sœur et moi, qui déclencha la guerre entre les cartels de Medellín et de Cali.

L'épée de Bolívar fut rendue par le M-19 en 1991. Elle est conservée depuis dans un coffre de la Banque de la République.

Voici une photographie inédite. Elle fut prise dans la maison d'Otty Patiño, où il cacha pendant un temps l'épée de Bolívar. À ses côtés, Germán Rojas, Raulito, autre membre du M-19.

La politique fut la perdition de mon père. Il obtint un siège à la Chambre des représentants, mais sa carrière sera éphémère. Les chemins d'Alberto Santofimio et de Jairo Ortega ont croisé le sien à une époque agitée de l'histoire du pays.

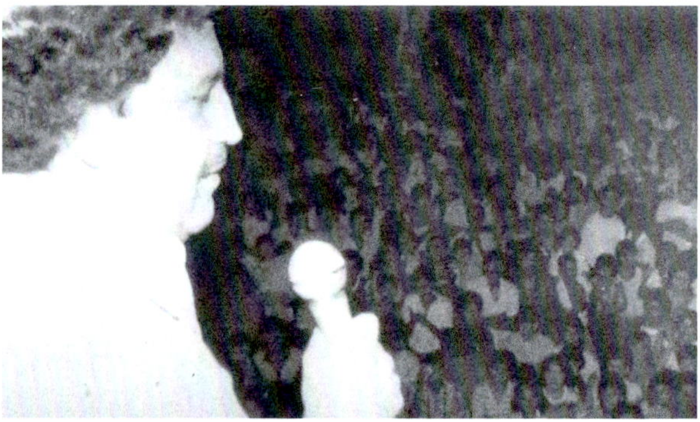

Mon père pensait utiliser le pouvoir économique que lui avait donné le narcotrafic pour se hisser au sommet de l'État. Il était à l'aise sur la place publique et gagnait ses électeurs en offrant des maisons, en construisant des complexes sportifs et en semant des arbres.

En 1982, ma mère organisa les enchères Pincel de Estrellas au bénéfice de *Medellín sans Taudis*. Mon père monta au pupitre et la remercia pour le succès de l'événement, auquel lui et ses amis firent don de quelques-unes des œuvres exposées.

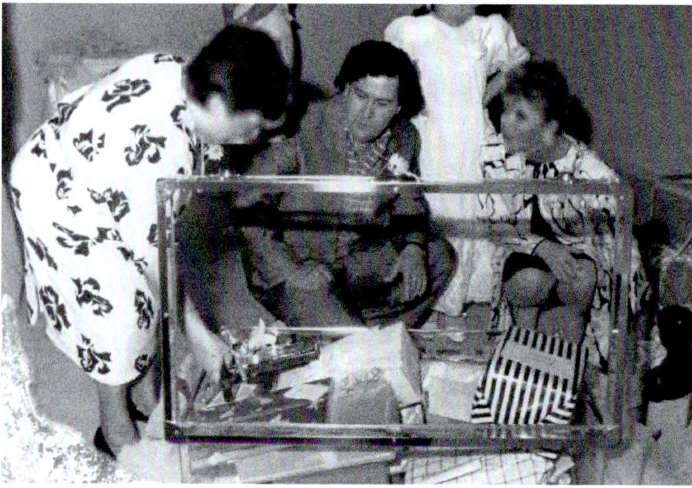

Le jour de ma première communion, mon père se penche sur le chariot contenant mes cadeaux.

En plus d'accompagner mon père dans des moments clés, *Malévolo* a donné une identité à la propriété Nápoles : il a dessiné le logo et les panneaux de l'hacienda.

Malévolo en pleine action. Il lui a fallu un an pour construire chacun des énormes animaux préhistoriques de Nápoles.

Dans la prison
de La Catedral,
mon père
regarde ma sœur
Manuela danser.

Malgré la clandestinité,
mon père s'arrangeait
pour assister aux principaux
événements familiaux.
Ici, à l'hacienda Nápoles,
pour l'anniversaire
de ma sœur. Il s'était vêtu
de blanc, à contrecœur.

Dans l'immeuble Mónaco, le jour de ma première communion. Lui et moi portions le même costume, mais il a refusé de mettre la cravate.

© famille Marroquín Santos

© famille Marroquín Santos

Ici mon père arrive à la propriété de Nápoles pour jouer au football, son sport favori.

© famille Marroquín Santos

Mon père et ma mère, lors d'une fête à Puerto Triunfo, avec Mario Castaño, alias *Chopo*, et Otoniel González Franco, alias *Otto* (à casquette).

Voici le professeur de mathématiques qui devint le magicien préféré de mon père. Ses tours étaient très applaudis à l'hacienda Nápoles.

Pablo Escobar, mon père, avec des jeunes, au début des années quatre-vingt.

La recherche d'une seconde chance m'a mené à donner près d'une centaine de conférences qui ont rassemblé plus de 50 000 personnes.

À Nuevo Laredo, plus de mille étudiants ont écouté ma conférence, intitulée « Pablo Escobar, une histoire à ne pas reproduire ».

À Monterrey, lors d'une rencontre gratuite avec des mineurs issus pour la plupart d'un centre de détention.

La Commission de justice du Sénat mexicain m'a invité à partager mes expériences et celles de mon pays sur la violence liée au trafic de drogue. Ici, avec les législateurs Roberto Gil Zuarth, Luis Fernando Salazar et Víctor Hermosillo Celada.

© Pablo Cubillas

Après ma rencontre avec le Sénat mexicain, lors d'un dîner avec d'autres sénateurs intéressés par mon point de vue. Ici, avec Blanca Alcalá Ruíz, Mario Delgado Carrillo, Mariana Gómez del Campo Gurza, Luisa María Calderón Hinojosa et Francisco García Cabeza de Vaca.

© Pablo Cubillas

Lors de mes conférences, j'ai rencontré des victimes de mon père. À la fin d'un débat à Guadalajara, Inés Sarmiento s'est approchée et m'a dit que son père avait été séquestré par le mien. « J'ai souffert de ce que ton père a fait », me dit-elle.

© John Otis

Patiño n'a pas participé à l'élaboration de l'opération, mais il en a appris les détails par hasard :

« Je travaillais à cette époque au bureau de la propagande du M-19, quand Alfonso Jacquin vint me trouver pour me raconter que le Palais de justice allait être pris par un commando baptisé "Iván Marino Ospina" – dont il était le commandant en second. Il m'a demandé de l'aider à rédiger un communiqué sur cette opération en disant : "Otty, il faut qu'on fasse du bruit autour de cela … il ne faudrait pas qu'ils nous tuent et que personne n'en sache rien." »

C'est de cette conversation qu'est né le fameux et long communiqué intitulé *Opération Antonio Nariño pour les droits de l'Homm*e, qui posait de nombreuses exigences au gouvernement et demandait instamment la comparution devant la Cour suprême de Justice « du président Belisario Betancur ou de son représentant, pour qu'il réponde de façon claire et immédiate à chacune des accusations contre le gouvernement actuel ». D'après ce que Jacquin avait dit à Patiño, plusieurs des responsables de l'opération, comme Andrés Almarales, Luis Otero et Elvencio Ruiz, étaient partisans d'obliger le président à dialoguer avec eux et de lui faire un procès public.

Une fois que la prise du bâtiment eut lieu, la différence d'approche entre ceux qui l'avaient conçue et ceux qui l'avaient exécutée apparut évidente. Pour Patiño, ce qu'il s'est passé est clair.

« Les personnes qui ont mené l'opération, dont Andrés Almarales et Luis Otero, avaient décidé qu'ils prendraient le Palais pour obliger Belisario Betancur à dialoguer et au passage le juger, mais ce n'était pas l'idée de Fayad. Quand Fayad a écouté le communiqué intitulé *Opération Antonio Nariño pour les droits de l'Homme*, il s'est inquiété et m'a dit par radio : "Écoutez, mon frère, essayez de contacter le Palais de Nariño[20] et dites-leur que non, que l'idée est de parler avec le président, rien d'autre." J'ai bien essayé de le faire, mais je n'y suis pas parvenu, même si j'ai appris plus tard que Fayad avait réussi à faire passer à travers d'autres personnes le message selon lequel il n'y aurait pas de procès contre le président parce que ce n'était pas l'idée de départ. C'était l'excuse qu'ils attendaient pour lancer l'opération, la violente et fulgurante reprise du Palais. Mais l'opération militaire aurait eu lieu quoi qu'il arrive, tant le M-19 avait suscité de haine au sein de l'armée depuis l'attentat qui avait coûté la vie au commandant de l'armée de terre, le général Rafael Samudio, ou encore l'attaque du bataillon d'Armenia et la tentative de destruction de plusieurs chars d'assaut à Ipiales, dans le département de Nariño. Il s'était passé pas mal de

20. Siège de la présidence de la République colombienne, *ndt.*

petites choses et l'armée nous considérait comme l'ennemi. Alors quand la prise du Palais a eu lieu, ils se sont dit "c'est notre heure, attaquons-les et finissons-en avec eux par tous les moyens". »

Patiño a tendance à minimiser un peu le rôle de mon père dans la prise du Palais de justice. Sa version sur ce point est la suivante :

« La "narcotisation" de la prise du Palais a été l'une des choses les plus compliquées, une légende urbaine avec laquelle nous devons vivre encore aujourd'hui et qui a trait à l'incendie et à la destruction des dossiers sur l'extradition. Pour le faire, il suffisait d'une bombe incendiaire posée par un commando, avec l'assurance que cela ferait les dégâts escomptés, voire plus. Ou que Pablo Escobar place une voiture au sous-sol et fasse exploser le bâtiment, et le tour était joué. Je pense que Pablo Escobar a dû recevoir un renseignement, soit parce qu'il avait quelqu'un d'infiltré, soit parce qu'un imprudent lui aura raconté le plan, et qu'il l'a utilisé pour prétendre qu'il avait financé l'opération et pouvoir dire fièrement ensuite : "Voyez ce que j'ai fait." Il avait un grand sens de l'opportunisme et dire qu'il avait financé l'attaque lui conférait à la fois une image de prestige et de grande capacité militaire. »

***

La conversation avec Otty Patiño est alors partie sur l'Assemblée nationale constituante qui, entre 1990 et 1991, modifia la vieille Constitution de 1886 et ouvrit la voie à une nouvelle Carta Magna. Aborder ce thème était plus que pertinent, puisque la Constituante a éliminé l'extradition de l'ordonnancement juridique du pays. Cette décision a longtemps été attribuée aux cartels de la drogue de Cali et Medellín, car il ne fait aucun doute qu'elle profitait aux barons de la drogue comme Miguel et Gilberto Rodríguez Orejuela, José Santacruz Londoño, Hélmer *Pacho* Herrera et, bien entendu, mon père, ainsi qu'à tous les trafiquants de Colombie qui en étaient les grands bénéficiaires.

Patiño, de son côté, a sa propre version de ce qu'il s'est passé à cette époque qui vit mon père se rendre à la justice quatre heures après qu'une écrasante majorité eut éliminé l'extradition de la Constitution nationale.

À propos du M-19, Patiño explique que, à peine démobilisé, le groupe guérillero participa à la Constituante à travers une liste de candidats d'horizons divers. Il cite par exemple les cas de María Mercedes Carranza et Carlos Ossa Escobar, qui avaient obtenu des sièges en représentation du mouvement de l'ancien candidat à la présidence Luis Carlos Galán et qui avaient annoncé dès le début qu'ils étaient pour l'extradition.

Une fois les délibérations commencées, l'Assemblée constituante se pencha sur la question de l'extradition dans deux commissions, la première et celle des affaires politiques, où très vite se dégagea une tendance en faveur de son abolition. Une des raisons pour lesquelles l'establishment avait lancé la Constituante était de renforcer la justice colombienne, incapable de combattre efficacement le crime organisé. L'extradition était alors perçue comme un mécanisme subsidiaire qui compensait les faiblesses structurelles de la justice, de sorte que la chose la plus naturelle était de supprimer l'extradition une fois réformée la structure judiciaire. C'était comme cela que l'entendait la grande majorité des constituants de tous bords.

À mesure que les débats à l'Assemblée constituante avançaient, l'extradition s'immisçait au cœur de toutes les discussions dans le pays. Le banc dirigé par Antonio Navarro laissa ses membres constituants voter en leur âme et conscience. Il était déjà évident à ce moment-là que les cartels de Medellín et Cali exerçaient des pressions, tout comme les États-Unis, d'ailleurs, qui pratiquaient en privé un lobbying alertant contre les risques de favoriser la mafia si on éliminait le seul instrument qui la faisait trembler.

Du côté des barons de la drogue du Valle, la personnalité la plus visible était le membre de la Constituante, Armando Holguín Sarria, conseiller notoire des frères Miguel et Gilberto Rodríguez Orejuela. Pourtant, Patiño soutient qu'il ne l'a jamais vu approcher aucun autre membre constituant pour lui demander dans quel sens irait son vote.

« Une fois que nous siégions dans les commissions première et des affaires politiques, monsieur Holguín a proposé un vote informel pour savoir qui était pour l'extradition ; mais je m'y suis opposé en lui rappelant que le vote sur ce sujet se ferait à bulletin secret. J'étais contre l'extradition, mais malgré ça Holguín me regarda de travers et garda le silence. C'est la seule fois où je l'ai vu essayer de montrer aux Rodríguez Orejuela qu'il faisait le travail. Le vote contre l'extradition était très majoritaire au début des débats. Les mafieux pouvaient influencer deux ou trois votes, tout au plus, mais rien de décisif. »

Le pion de mon père au sein de l'Assemblée constituante était l'avocat Humberto Buitrago, le célèbre *HB Buitrago*, qui selon Patiño avait commencé à se dévoiler dès son arrivée dans les couloirs du Centre de Convention de Bogotá, siège des délibérations de l'Assemblée.

« *HB*, dit-il, était tellement culotté qu'il offrait ouvertement des millions de pesos à qui voterait contre l'extradition.

« Mais écoutez cette autre histoire. Nous, ceux du M-19, parlions avec les gens des groupes d'autodéfense du Magdalena Medio, et ces groupes d'autodéfense, qui furent par la suite utilisés dans la guerre contre Escobar, nous disaient qu'ils voulaient participer à l'Assemblée constituante parce qu'ils avaient pris la décision de se démobiliser. J'ai alors consulté Antonio Navarro, qui s'en est entretenu avec des gens qui ne venaient pas du M-19, comme Carlos Ossa, et nous avons convenu de dire aux groupes d'autodéfense qu'ils nomment quelqu'un qui n'avait pas d'antécédents judiciaires et qui ne fasse pas partie de leurs groupes opérationnels. »

Alors les groupes d'autodéfense ont désigné pour candidat le médecin Augusto Ramírez Cardona, qui se retrouverait plus tard impliqué dans le scandale de la « narco-vidéo » de la Constituante, un épisode sombre où *HB* fut filmé alors qu'il lui remettait 2,5 millions de pesos. L'histoire racontée par Otty Patiño est la suivante :

« Ramírez était un médecin à qui Henry Pérez – commandant des groupes d'autodéfense de Puerto Boyacá – dit "allez voir ce qu'il s'y passe". Mais Ramírez n'a jamais fait la moindre intervention, il ne parlait jamais, c'était un nigaud. Pourtant, *HB* l'a approché et lui a dit qu'il lui offrait de l'argent pour son vote contre l'extradition. Alors Ramírez l'a raconté à Henry Pérez qui l'a raconté à la police – qui était très coordonnée avec la CIA –, et ils ont convenu qu'il devait accepter l'argent et qu'ils se chargeraient d'enregistrer l'acte de corruption à l'hôtel Tequendama, où les membres de la Constituante étaient logés. C'est comme cela qu'ils ont monté la "narco-vidéo". Nous l'avons su parce qu'Ariel Otero, second de Pérez et conseiller de Ramírez, l'a raconté à Álvaro Jiménez, un de nos hommes qui m'a révélé ce qui se tramait. J'ai alors rencontré Ariel Otero en dehors de Bogotá et je lui ai dit : "Voyez, nous voulons la paix et vous venez mettre la guerre dans la nouvelle Constitution. Comment pouvez-vous faire ça ? Nous vous avons fait confiance, nous avons accepté que vous fassiez entrer un type comme ça, avec le risque que cela supposait, et voilà ce qu'il fait, donner prise à l'annulation de la Constitution de 91 en faisant voir qu'elle a été achetée par les narcos. Comment pouvez-vous faire ça ?" Après la révélation de la corruption du délégué Ramírez, dans un élan de vanité, les cartels de Cali et Medellín diffusèrent des messages chiffrés faisant savoir au pays qu'ils avaient acheté le "non" à l'extradition. Mais les années passées ont démontré que ça ne s'est pas déroulé comme cela. La majorité des 51 suffrages contre l'extradition fut écrasante », résume Patiño, visiblement irrité.

Otty Patiño fit ensuite une pause et vida son verre d'eau d'une longue gorgée, signe que la rencontre avec moi était sur le point de se conclure. Mais son geste indiqua qu'il ne souhaitait pas s'en aller sans évoquer un dernier sujet : l'attentat contre Antonio Navarro Wolff, en mai 1985, à Cali.

Comme on le sait, Navarro fut grièvement blessé quand un homme lança une grenade en direction d'une cafétéria où il se trouvait en compagnie de deux autres guérilleros, Carlos Alonso Lucio et

Eduardo Chávez. Navarro fut le plus atteint, puisque l'impact détruisit son genou gauche et endommagea partiellement ses cordes vocales.

Je lui rappelai la version que m'avait racontée mon père – publiée dans mon premier livre –, selon laquelle l'auteur de l'attentat était Héctor Roldán, un narcotrafiquant propriétaire de la concession automobile Roldanautos de Cali, celui-là même qui fut à deux doigts de devenir le parrain de ma sœur Manuela avant que ma mère ne s'y oppose. Mon père et lui s'étaient rencontrés lors de la Coupe Renault de 1979 et étaient devenus amis parce qu'ils partageaient leur passion pour les courses automobiles. D'après mon père, Roldán était très proche des hauts commandements militaires de la région du Valle et il avait perpétré l'attentat contre Navarro en représailles d'une attaque de la guérilla le matin même dans cette ville contre un bus qui transportait des soldats.

Une fois mon récit terminé, Patiño me répondit :

« Je sais qui a lancé la grenade et je suis absolument certain que c'était sur ordre de l'armée. La grenade a été lancée par un jeune du nom d'Espinosa, qui avait été un de nos membres. Il était originaire de Yumbo et nous l'avions eu dans un stage guérillero, mais il était tellement mauvais que nous l'avions renvoyé. Apparemment, il en était aigri et il est allé voir l'armée de terre pour devenir leur informateur. Il était terriblement friable.

L'origine de l'attentat contre Navarro remonte au moment où une faction du M-19 a commencé à faire des bêtises et a tendu une embuscade à un bus de l'armée. En représailles, les militaires ont utilisé ce jeune pour lancer la grenade. Je le sais parce que dans cette cafétéria, en plus de Navarro et Lucio, se trouvait également Eduardo Chávez, que je connaissais et qui a vu Espinosa dégoupiller la grenade. »

C'est comme cela, deux heures plus tard, que prit fin cette rencontre importante avec Otty Patiño, ancien commandant du M-19. Ce fut une conversation agréable et franche qui apportait finalement un éclairage sur les rôles déterminants que les uns et les autres avaient joué dans cette époque cruciale de la vie de notre pays.

CHAPITRE 5
Santofimio

Je ne conserve qu'un lointain souvenir d'Alberto Santofimio Botero. Je ne l'ai vu que quatre fois tout au plus, près de mon père, quand j'avais six ans et qu'ils étaient pleinement entrés dans l'arène politique et les discours sur la place publique, la vie sociale et au cours des déambulations qu'ils faisaient ensemble.

La guerre, l'exil et le temps qui passe allaient rendre encore plus floue l'image que j'avais de Santofimio, et j'observerais de loin que son avenir était plus que compliqué pour sa relation avec mon père et son rôle supposé dans l'assassinat du candidat à la présidence Luis Carlos Galán, en août 1989. La justice colombienne le condamna pour cela à une longue peine de prison, et la seule porte de sortie qu'il lui restait était une éventuelle décision des tribunaux internationaux en sa faveur.

Il y a deux ans, j'écrivais dans mon premier livre un long paragraphe où je soutenais que, sans prétendre absoudre, condamner ou confronter qui que ce soit, il me paraissait difficile de croire que mon père ait pu entendre la suggestion de Santofimio pour assassiner Galán. Et j'énonçais deux raisons pour douter de sa culpabilité : parce que mon père prenait ses décisions sans demander l'avis de personne, et parce que, à l'époque du magnicide, il considérait Santofimio comme un traître pour avoir conclu des alliances avec les chefs du cartel de Cali, tout en sachant pertinemment que ceux-ci avaient déclaré la guerre à mon père depuis l'attentat de l'immeuble Mónaco, le 13 janvier 1988.

Lors d'un de mes séjours en Colombie pour avancer sur mes recherches pour ce livre, à la mi-juin, je rencontrai à Bogotá un avocat, vieux défenseur de mon père, qui connaissait Santofimio ainsi que certains détails de sa défense, et nous échangeâmes sur le sujet.

À la lecture de la défense adoptée par Santofimio à l'époque, je peux dire dès le départ qu'il s'est toujours efforcé de se désolidariser de mon père et de démontrer qu'ils ne se sont côtoyés que pendant un an et demi, ne se voyant pas plus d'une douzaine de fois au total sur la période. Pour lui, les dates sont fondamentales parce qu'elles permettent de démontrer que cela faisait longtemps qu'ils avaient pris leurs distances l'un de l'autre et que, par conséquent, il était impossible qu'il ait eu une quelconque responsabilité dans l'assassinat de Galán. D'après le calendrier, tout laisse penser qu'il a raison, mais la justice ne l'a pas cru et l'a condamné en dernière instance à une peine de vingt-quatre années d'emprisonnement.

Il y a deux moments très importants dans la relation entre Santofimio et mon père : le jour où ils se sont rencontrés et la dernière fois qu'ils se sont parlé.

Santofimio et mon père se sont vus pour la première fois à l'occasion d'une manifestation à Puerto Berrío, dans le département d'Antioquia, pour le lancement de la campagne présidentielle d'Alfonso López Michelsen, en 1982. Mon père était déjà élu député suppléant à la Chambre, et ils se retrouvaient sur cette tournée politique.

L'histoire de leur éloignement est un peu plus longue et étroitement liée au moment politique que vivait alors le pays.

La pré-candidature à la présidence de Santofimio prit fin lors de la Convention libérale de Medellín, et c'est López Michelsen qui fut de nouveau désigné candidat à la présidence. Mon père n'a pas participé à cette Convention. Beaucoup a été dit sur la supposée entrée en politique de mon père à travers Santofimio, mais la vérité est qu'il s'est lancé aux côtés de Jairo Ortega au sein du Mouvement de Rénovation Libérale, le MRL, organisation qui rejoint le Nouveau Libéralisme de Luis Carlos Galán, pour les élections au Congrès de 1982. Santofimio militait pour Alternative Populaire.

En effet, contre l'avis de ma grand-mère Nora et d'une grande partie de ma famille maternelle, mon père avait accepté de figurer en deuxième position sur une liste du MRL aux élections pour la Chambre des représentants.

La campagne s'élança et mon père convoqua plusieurs rassemblements publics où il parlait de faire valoir les droits des plus pauvres et de lutter contre la pauvreté ; mais son discours finissait toujours par tourner à la harangue contre l'extradition vers les États-Unis et à la nécessité de dénoncer le traité signé par les deux pays en 1979. Une de ces réunions eut lieu dans le quartier de La Paz, à Envigado, où nous habitions, et rassembla mille personnes. Juché sur le toit d'une Mercedes Benz, mon père prononça un discours émouvant où il disait la tendresse particulière qu'il ressentait pour ce lieu et où il s'engageait à travailler au Congrès en faveur des pauvres d'Antioquia.

L'argent du trafic de drogue servit à huiler sa candidature, et il créa ainsi le programme *Medellín sans Taudis* – qui permit la construction de mille logements sur les cinq mille prévus pour les familles les plus démunies –, il inaugura plus d'une vingtaine de terrains de football dans des quartiers défavorisés et sema plus de cent mille arbres dans les montagnes entourant le Valle de Aburrá.

Même si à ce moment-là ils ne se connaissaient pas, mon père et Santofimio partagèrent plusieurs fois l'estrade pour leurs discours contre l'extradition.

Mon père se montrait particulièrement actif dans cette croisade et il organisa de nombreuses réunions dans la discothèque Kevin's de Medellín et dans le restaurant La Rinconada, dans la commune de La Estrella. Ces rencontres étaient baptisées du nom pompeux de Forum National des « *Extraditables* ». L'élan suscité par le discours de mon père sur l'extradition était tel qu'il parvint à réunir à Medellín une cinquantaine de mafieux de tout le pays pour les convaincre de lutter ensemble contre l'extradition. C'est là qu'est apparue la présentatrice de télévision Virginia Vallejo, qui officiait comme modératrice de ces débats, ce qui lui permit de rencontrer les principaux barons de la drogue de Colombie. À cette époque-là, Santofimio soutenait publiquement que l'extradition lui semblait être un instrument extrême pour juger les Colombiens sous d'autres législations, loin de leur patrie et de leur langue, et il considérait qu'il y avait des coupables, mais aussi beaucoup d'innocents concernés.

Pourtant, la campagne pour le Congrès allait souffrir un important revers en février 1982, lorsque, dans un discours prononcé sur la Plaza de Berrío, à Medellín, Luis Carlos Galán refusa l'adhésion formelle du Mouvement de Rénovation Libérale au Nouveau Libéralisme, arguant du fait qu'il fallait établir l'origine de l'argent et les antécédents de l'homme qui figurait comme suppléant sur la liste des aspirants à la Chambre. En d'autres termes, mon père.

Mais loin de se décourager, mon père et Ortega trouvèrent d'autres soutiens politiques, dont l'aval du Parti Libéral, et se lancèrent à la conquête des électeurs. La quête ne présenta pas de grandes difficultés, et ils furent tous les deux largement élus le 14 mars suivant, principalement grâce au vote de Medellín et de la région de Valle de Aburrá.

Une fois accompli son rêve de devenir parlementaire, mon père participa activement à certaines réunions publiques du candidat à la présidence Alfonso López Michelsen, qui tentait de se faire élire pour la seconde fois à la magistrature suprême. Au cours des dix petites semaines qui séparaient les élections au Congrès de celles à la présidence, convoquées pour le 30 mai, mon père se retrouva plusieurs fois lors de *meetings* avec Santofimio, alors sénateur, et d'autres hommes politiques, dont Jairo Ortega et le parlementaire Ernesto Lucena. C'est pour cette raison que les trois apparaissent ensemble sur de nombreuses photographies, dont la défense de Santofimio prétend qu'elles ont été utilisées pour le rattacher à mon père.

Mais l'on ne prête pas attention aux dates auxquelles ces photographies où on les voit ensemble ont été prises. Par exemple, la photo des Arènes de La Macarena fut prise en mars 1983, lors d'un événement pour le programme *Medellín sans Taudis* auquel participaient également Jairo Ortega, naturellement, Alberto Uribe, Fabio Ochoa et quelques-unes des reines de beauté de différentes régions du pays ; mon père entretenait aussi des relations avec des évêques, comme Monseigneur Alfonso López Trujillo et Monseigneur Darío Castrillón, ainsi qu'avec la classe politique. D'autres photographies furent prises lors d'une tournée politique dans la région du Magdalena Medio, qui s'acheva par un déjeuner et une longue balade sur le Río Claro, où mon père fit une démonstration de ses nouveaux hydroglisseurs.

En rassemblant tous ces faits trente ans après, hors contexte, on peut comprendre que plus personne ne doute du lien qui a existé entre le chef du cartel de Medellín et le controversé homme politique de Tolima, mais cette relation fut beaucoup plus brève que ce que l'on prétend.

Un autre événement où Santofimio et mon père se retrouvèrent eut lieu en octobre 1982, quand le Congrès de Colombie désigna une délégation de députés et de sénateurs pour aller assister à la journée électorale qui verrait élire Felipe González à la tête du gouvernement espagnol.

Santofimio était sénateur et il fut envoyé avec Raimundo Emiliani Román et Víctor Cárdenas en représentation de cet organe législatif. Mon père participait à ce voyage au nom de la Chambre des représentants et ils voyagèrent ensemble vers Madrid sur un vol commercial. Tous les parlementaires invités assistèrent à la fête donnée pour célébrer la victoire de González dans le luxueux hôtel *Palace de Madrid*, et c'est là que fut prise la fameuse photographie où l'on voit Santofimio, mon père et d'autres personnalités. Ils se rendirent ensuite à une autre réception avec le torero Pepe Dominguín, puis à une autre encore, où ils rencontrèrent les journalistes Enrique Santos et Antonio Caballero.

Mais la vie politique de mon père n'allait pas durer longtemps à cause du violent affrontement qui l'opposa au ministre de la Justice, Rodrigo Lara, et de la publication, inattendue et dévastatrice, dans le journal *El Espectador*, d'une information sur l'arrestation de mon père et de cinq autres personnes en 1977, dans une affaire de chargement de cocaïne saisi par des agents du DAS à la frontière avec l'Équateur.

Les accusations de Lara à propos de l'entrée de ce que l'on appelle « l'argent chaud », en politique, ainsi que la confirmation que mon père était un trafiquant de drogue, le poussaient contre les cordes et ne lui laissaient d'autre possibilité que d'envisager un retrait du jeu politique. Mais il devait avant cela renoncer à son immunité parlementaire, sans quoi il ferait l'objet d'une enquête de la Commission des accusations de la Chambre des représentants.

Santofimio, en qualité de chef du groupe parlementaire Alternative Populaire, auquel avaient adhéré Jairo Ortega et mon père après avoir été élus parlementaires, se vit alors obligé de se rendre à Medellín pour lui demander d'abandonner son siège. Comme Jairo Ortega avait fait entrer mon père à la Chambre et qu'il s'agissait du suppléant d'un des principaux membres de ce groupe, Santofimio ne pouvait pas esquiver.

Alors il prit la décision d'aller à Medellín parler avec mon père pour lui demander de se retirer de la politique et de renoncer à l'immunité parlementaire pour se défendre comme simple citoyen. C'était en septembre 1983. Il disposait d'un document rédigé, mais mon père lui répondit qu'il écrirait lui-même ce qu'il avait à dire et qu'il ne laisserait personne écrire pour lui. Santofimio repartit de là sans obtenir la signature de mon père et ils n'eurent plus la moindre relation après cela.

Dans sa volonté claire de prendre ses distances avec mon père, Santofimio a soutenu qu'il avait été dupé parce qu'on le lui avait présenté comme un entrepreneur et un *leader* social, dont il ignorait qu'il eût des antécédents pénaux. En réalité, mon père, à cette époque, n'avait pas d'ennuis judiciaires. Au contraire, le fait d'être à la tête du programme *Medellín sans Taudis,* de développer des activités sociales et de construire des terrains de sport lui garantissait une visibilité dans une société qui l'acceptait.

La défense choisie par Santofimio, d'après ce que j'en ai lu et discuté avec l'avocat que j'ai rencontré à Bogotá, l'a amené à décrire ses rencontres et ses prises de distance avec Rodrigo Lara Bonilla et avec le chef du Nouveau Libéralisme, Luis Carlos Galán Sarmiento. Il a expliqué qu'il avait été ami de jeunesse de Lara, qu'ils s'étaient retrouvés ensemble au sein des jeunesses du Mouvement Révolutionnaire Libéral et qu'ils avaient assisté à des rassemblements politiques dans le département de Huila, le fief de Lara. Selon les dires de Santofimio, sa proximité politique avec Lara s'est détériorée quand celui-ci s'est opposé à la deuxième candidature de López Michelsen et qu'il s'abstint d'assister à la Convention Libérale à Medellín. C'est alors que Galán a lancé sa candidature à Rionegro, accompagné de Lara.

Mais les choses allaient changer de façon dramatique quand Lara fut nommé ministre de la Justice par le président Belisario Betancur. La confrontation avec mon père était posée et chacun jouait son jeu : d'un côté, le ministre commençait à parler « d'argent chaud » en politique et à s'en prendre au député Pablo Escobar. De l'autre, mon père commençait à avancer ses pions pour faire sortir le ministre du jeu politique. Et il le fit à sa manière, par un guet-apens avec l'aide des députés Jairo Ortega et Ernesto Lucena, qui organisèrent un débat de l'opposition au gouvernement de Betancur auquel assistèrent le ministre Alfonso Gómez Gómez et le procureur, Carlos Jiménez Gómez. Au milieu de la discussion, Ortega y Lucena dévoilèrent l'existence d'un chèque d'un million de pesos qui avait été remis à Lara par le narcotrafiquant Evaristo Porras, allié de mon père.

L'erreur de Lara de ne pas s'apercevoir que sa campagne était infiltrée par la mafia de mon père allait avoir l'effet d'un boulet. Il était clair que Lara était tombé dans les pièges tendus par mon père.

À la suite du scandale, Lara dut s'employer à fond pour se défendre, en contre-attaquant mon père. Ce fut une période conflictuelle durant laquelle mon père demanda la démission du ministre qui, en réponse, déploya contre lui des actions concrètes, comme la mise au jour du laboratoire de fabrication de cocaïne de Tranquilandia, le premier coup subi par le cartel de Medellín. L'affrontement se terminerait avec l'assassinat du ministre et supposerait le début de la guerre contre la mafia.

À propos de cet épisode, Santofimio a affirmé que le gouvernement, l'État et Galán avaient abandonné Lara, qu'ils l'avaient laissé seul dans un vide moral et juridique alors qu'il était l'objet d'une enquête du comité d'éthique du Nouveau Libéralisme, qui finalement ne le condamna ni le disculpa jamais pour le fameux chèque. Selon la figure politique de Tolima, Lara fut tué alors qu'il ne faisait plus partie du Nouveau Libéralisme, puisqu'il avait été suspendu après le scandale du chèque.

Dans son intervention face aux magistrats de la Cour suprême de justice qui le jugeaient, Santofimio déclara : « Il est pervers de prétendre que j'aie pu conseiller à Pablo Escobar la mort de Galán. Quel besoin Escobar pouvait-il avoir de quelqu'un qui le motive ? Galán et Lara avaient assumé une position personnelle dans cet affrontement. Évidemment, ça a abouti à une radicalisation de la violence, jusqu'au point où les balles répondaient aux discours, parce que les mafieux savaient qu'ils se trouvaient face à une question de vie ou de mort. »

Je dois confesser avoir pris en compte beaucoup de facteurs avant de me décider à publier ce chapitre complexe, en raison des conséquences et des implications qu'il pourrait avoir. Je suis habitué à la critique et je l'apprécie tant qu'elle est constructive. Je ne la crains pas. Mais je dois dire que l'on m'a qualifié de partisan d'Uribe pour avoir révélé dans mon premier livre les deux attentats manqués de mon père contre Álvaro Uribe alors qu'il était directeur d'Aerocivil, l'autorité responsable de l'aviation civile colombienne. J'ai aussi été accusé d'être pro-Santofimio à la suite du paragraphe dans lequel j'expliquais ma position sur sa condamnation.

Je n'entends pas m'immoler, pas même mettre ma main au feu, pour un politique, sachant la vacuité de leurs valeurs. Mais j'ai été détenu en Argentine aux côtés de ma mère, nous avons été accusés de délits que nous n'avons jamais commis, et nous avons dû attendre sept longues années de procédures judiciaires avant d'être innocentés par la Cour suprême. La liberté est comme l'air, ce n'est que quand on te l'enlève que tu te rends compte que tu l'avais. C'est pour cela que j'ose publier cette histoire, pour que la justice de Colombie cesse de vouloir se donner une image d'efficacité et qu'elle s'attelle à rendre justice. Après examen des éléments de preuve auxquels j'ai eu accès, j'affirme qu'il existe des motifs de fond pour assurer que Santofimio n'a rien eu à voir avec l'assassinat de Luis Carlos Galán.

Il est également vrai que la justice de mon pays n'a jamais voulu creuser pour dévoiler les relations charnelles de mon père avec la classe politique. On parle en Colombie de « para-politique » et de « farc-politique », mais je crois qu'il faudra attendre longtemps avant que quelqu'un ose évoquer la « Pablo-politique ».

J'ai déjà dit par le passé que j'avais été élevé par les délinquants les plus dangereux de Colombie et qu'ils avaient été mes nounous. Or il se trouve que l'un de ces hommes, très proche de mon père, m'a raconté qu'il avait suivi la préparation de l'homicide du candidat à la présidence, et il m'a confirmé que personne n'avait vu, ni même entendu parler de Santofimio dans ce cadre. Il m'a dit qu'on lui avait offert 200 millions de pesos par l'intermédiaire de son avocat pour témoigner contre lui, mais quand j'ai voulu creuser pour en savoir davantage sur ceux qui pouvaient être derrière cette initiative, il m'a répondu qu'il avait refusé l'argent et il m'a conseillé en disant : « Laissez tomber, c'est très dangereux. »

CHAPITRE 6

Mon père et Malévolo

La guerre contre le narcotrafic en Colombie a commencé la nuit du 30 avril 1984, quand des tueurs engagés par mon père assassinèrent à Bogotá le ministre de la Justice, Rodrigo Lara Bonilla. En réponse à cette provocation, le président d'alors, Belisario Betancur, ordonna de poursuivre sans relâche les chefs des cartels de la drogue de Cali et Medellín et annonça dans le même temps l'application immédiate de l'extradition vers les États-Unis.

Comme nous le savons, mon père et les autres barons de la drogue fuirent cette nuit-là vers le Panamá et, le lendemain, plusieurs de ses hommes nous récupérèrent, ma mère enceinte et moi, et nous transportèrent en hélicoptère jusqu'à la frontière, puis par la route jusqu'à l'endroit où mon père se cachait.

Ce qui arriva ensuite est largement connu : la proposition des parrains de négocier leur reddition et de mettre fin au business ; le départ intempestif de mon père et sa famille vers le Nicaragua à la suite de la trahison du général Manuel Antonio Noriega ; les photographies prises sur une piste d'atterrissage nicaraguayenne où l'on voit mon père et Gonzalo Rodríguez Gacha, *El Mexicano*, charger de la cocaïne ; notre retour forcé en Colombie et le début de l'intense traque qui se terminerait neuf ans plus tard par la mort de mon père.

Mais comme toujours dans les grands épisodes de l'histoire, il y a une grande part d'inconnu. Ou alors des éléments que l'on découvre longtemps après. De la mort du ministre Lara, on ne sait que ce qu'il s'est passé après. Mais que s'est-il passé le jour du crime ? Où était mon père et que faisait-il ?

J'obtins la réponse à ces questions d'un homme que je n'avais pas vu depuis plus de vingt-cinq ans et à qui j'avais envoyé de nombreux messages avant qu'il accepte de s'entretenir avec moi au sujet de l'enquête que je menais pour écrire ce livre. J'avais déjà essayé de l'approcher pour mon livre précédent, mais il m'avait fait faux bond plusieurs fois.

J'ai retrouvé celui qu'on appelle encore *El Malévolo*[21] dans un petit restaurant du centre de Medellín. Nous avons parlé pendant près de cinq heures, mais ce n'est qu'à la fin, fortuitement, qu'il me raconta une histoire qu'ils n'étaient que quelques-uns à connaître, me dit-il, parce que la plupart de ceux qui la vécurent étaient morts.

---

21. « Le Malveillant », *ndt.*

Il se trouvait avec mon père le jour où l'on a tué Rodrigo Lara, et il l'a accompagné jusqu'au moment où il a pris la fuite vers le Panamá. Selon son récit, il faisait très chaud ce lundi 30 avril 1984 quand mon père est arrivé à la propriété de Nápoles, en compagnie d'une belle jeune femme qui avait été élue quelques années avant Miss Medellín. Il la laissa s'installer dans une des chambres de La Mayoría – nom donné à la villa principale de la propriété –, et mon père vint chercher *Malévolo* pour lui demander un service.

Le récit qui suit est la narration complète des faits survenus ce jour-là :

– « *Malévolo*, tu connais un certain monsieur Obando, à San Miguel ? Tu sais s'il vend toujours de l'or ?

– Oui, Pablo.

– C'est que j'aimerais offrir un petit quelque chose à la mignonne qui est ici avec moi. Appelle-le.

Nous en étions là lorsqu'une belle femme d'une cinquantaine d'années est arrivée. C'était la mère de la Miss.

Nous nous sommes retrouvés au bord de la piscine et Pablo a suggéré d'aller faire une promenade dans la propriété, et de prendre nos maillots de bain et de quoi déjeuner. Nous sommes partis dans un 4 × 4 Nissan extra long avec la partie avant décapotée et le logo de l'hacienda de Nápoles peint sur les portières.

Pablo conduisait le véhicule et les deux femmes étaient assises à ses côtés alors que je prenais place sur la banquette arrière. La journée s'est déroulée entre rires et anecdotes, ponctuée d'un long bain dans la rivière La Miel et d'un excellent déjeuner, avec bien sûr les tranches de banane mûre frites, le plat préféré du *Patrón*.

Sur le chemin du retour, la maman de la Miss est venue s'asseoir à l'arrière à mes côtés et s'est mise à chanter des boléros. Lorsque nous sommes arrivés à la maison principale de l'hacienda, Pablo, qui était un expert pour chauffer les gens, me dit :

– Alors, t'as envie de te faire la dame, non ?

– Non, pas du tout.

– Couillon, tu ne vois pas qu'elle est venue te rejoindre à l'arrière ? Vas-y, fonce ! On va se changer et on continue, allez !

L'idée me trottait dans la tête pendant que je suis parti me changer. En arrivant devant la chambre, *Palillo*, un des gardes du corps du *Patrón*, me demande de lui prêter un peu de parfum parce qu'il n'en avait plus. Je lui dis que j'allais me doucher et que je lui passerais le flacon dès que j'aurais fini. Quand je suis sorti de la douche, j'ai allumé la télévision et j'ai vu la nouvelle de l'assassinat du ministre de la Justice Lara Bonilla. Les reporters indiquaient que les autorités accusaient la mafia, et concrètement Pablo Escobar, et que le pays entier était sous le choc. Sur le moment j'ai cru rêver, et, pour la première fois, j'ai pensé "dans quoi je me suis fourré, je ne suis même pas quelqu'un de violent".

En entendant que quelque chose s'était passé, *Palillo* est entré précipitamment dans ma chambre et s'est pétrifié en apprenant les événements de Bogotá :

"Oh l'enculé, comme on est mal », dit-il en agitant les bras comme s'il se battait avec le téléviseur, tout en brandissant nerveusement le pistolet qu'il tenait dans sa main droite."

Pris de panique, j'ai fini de me préparer et j'ai mis deux shorts et un teeshirt dans un sac, avant de partir à la rencontre de Pablo, voir ce qu'il me dirait. *Palillo* me suivait.

– Allons-y, ducon, lui dis-je sans aborder le sujet.

– Ouh, ça chauffe, enfoiré.

À notre arrivée au rez-de-chaussée, la Miss, sa mère et Pablo, qui s'était changé et portait maintenant un jean et des bottes de cuir, étaient déjà là. Il ne semblait pas prendre la mesure de la gravité de ce qu'il s'était passé, mais il avait dû voir ma tête marquée par la peur et l'incompréhension, parce qu'il s'est approché de moi et m'a dit :

– Vous voyez, *Malévolo*, on m'accuse de tout.

Aucun mot n'est sorti de ma bouche, mais la mère de la Miss a réussi à articuler :

"Pablo, je peux te servir de témoin… tu étais avec moi."

Alors Pablo s'est dirigé vers le 4 × 4 et les deux femmes l'ont suivi. Déconcerté, j'ai fait de même et j'ai pris place à l'arrière, mais alors que j'avais déjà refermé la portière, il me dit :

"*Malévolo*, restez et affrontez la situation, et s'ils vous mettent en taule, je vous sors de là. Rassemblez tous les employés, parce que les perquisitions vont commencer. Quand ça sera le cas, assurez-vous que vous restez tous ensemble, il ne s'agirait pas qu'ils vous tuent."

Je n'ai rien eu le temps de dire. J'étais incapable de lui dire non. Puis je suis descendu du 4 × 4 et Pablo s'est éloigné avec la Miss et sa mère à ses côtés. Je suis resté là, terrifié, en attendant l'arrivée imminente des autorités. Ce qui est étrange, c'est que les premières perquisitions ne sont intervenues que plusieurs jours après. »

Malévolo fait une pause dans son récit pour prendre une gorgée de liqueur ; alors j'en profite pour lui demander comment il est arrivé dans la région du Magdalena Medio et comment il a fini par travailler pour mon père. Il descend un nouveau verre, puis un autre, et il poursuit :

« Juan, j'ai fait ma scolarité au collège Manuel Uribe Ángel de Medellín, mais j'étais mauvais élève et j'ai redoublé plusieurs fois sans parvenir à finir le lycée. Je me souviens de deux professeurs : celui à qui je dois de savoir peindre, Marcos Aristizábal, qu'on appelait *El Mocho*, le professeur de peinture ; et Gustavo Restrepo, le prof de religion qu'on appelait *Pistolo*, parce qu'il portait des bretelles et y glissait ses mains comme si c'était des pistolets. Un sacré caractère. »

Malévolo raconte qu'il aimait aller voir les matchs de football sur le terrain du quartier d'El Dorado à Envigado – non loin du quartier La Paz, où vivaient les familles de ma mère et de mon père –, jusqu'à ce qu'un jour un jeune dise « regardez, les *Pablos* sont là, ceux qui roulent sur l'or ». Il s'agissait de Gustavo Gaviria et de mon père. *Malévolo* ne savait pas qui étaient les *Pablos* et plusieurs années allaient encore s'écouler avant que leurs routes ne se croisent de nouveau.

« À cette époque, je travaillais dans les bas-fonds, et en particulier pour un homme que l'on appelait *Mario Cacharrero*, un des premiers mafieux de Medellín, qui vendait au détail de l'herbe et du *bazuco*[22]. C'était le parrain des parrains. Il était tellement dur qu'un jour, alors qu'il se trouvait dans un restaurant, il tua à lui seul quatre types qui étaient venus l'enlever. » *Malévolo* se souvient qu'il a réussi à sortir de cette impasse le jour où il a rencontré Jorge Tulio Garcés, un homme issu d'une famille très riche, grand propriétaire terrien de la région du Magdalena Medio, qui lui donna du travail dans une cristallerie qu'il possédait à Envigado.

22. Pâte de cocaïne, *ndt.*

« Nous sommes devenus bons amis avec Jorge Tulio, mais j'ignorais qu'il avait alors déjà vendu aux *Pablos* les terrains des domaines de Valledupar et de Nápoles, les deux premiers qui composeraient la grande propriété de Nápoles, qui s'étendrait finalement sur 1 920 hectares. »

Pourtant, la mort soudaine de Jorge Tulio Garcés dans l'accident du petit avion qu'il pilotait poussa *Malévolo* à changer de travail et à déménager vers Doradal, non loin de Nápoles, où il fut embauché par l'entreprise Parcelas California pour des travaux de signalisation et de peinture de la voirie.

« Je travaillais près de Nápoles, mais je n'y entrais pas. J'étais très occupé et je me concentrais sur mon travail. »

Mais tout allait changer très rapidement peu de temps après, quand Gustavo Gaviria, l'associé de mon père, acheta un motel à La Estrella, près de Medellín, géré par un homme appelé *Mechas*, qui plut beaucoup au nouveau propriétaire.

« Gustavo Gaviria a dit qu'il achetait le motel si *Mechas* était inclus dans la transaction. Son idée était de se diversifier en se lançant dans un autre type d'activité et, au passage, d'oublier définitivement la construction avortée d'un barrage sur la propriété de Nápoles, dans laquelle Pablo avait investi beaucoup d'argent. »

Après l'achat du motel, *Mechas* a intégré le cercle des *Pablos*, et *Malévolo*, en proie à de graves problèmes financiers, allait bientôt le suivre.

« J'ai demandé à *Mechas* si Pablo et Gustavo avaient de l'argent, et il me dit qu'en effet, ils avaient un "pognon d'enfoirés". À cette époque, l'argent manquait ; là où je vivais, ils arrêtaient le générateur électrique pour économiser et on ne pouvait plus regarder la télévision, c'était un enfer. »

Jusqu'au jour où *Malévolo* écouta *Mechas* et accepta d'entrer à Nápoles pour peindre des panneaux de signalisation à l'intérieur de la propriété.

« J'ai quitté Parcelas California parce que *Mechas* me disait qu'ils offraient beaucoup d'avantages, les repas gratuits et des salaires très élevés par rapport à ceux que l'on payait dans le coin. »

Au cours des deux mois suivants, *Malévolo* réalisa différents travaux, jusqu'à ce qu'un mercredi *Mechas* lui demande de se rendre à Medellín dans l'un des avions de mon père pour rapporter la nourriture et les plats dont ils auraient besoin le dimanche suivant, jour de la fête des Mères, pour la réception de plus de deux cents personnes.

Malévolo s'acquitta de sa tâche et effectua le trajet retour, par pure coïncidence, à bord d'un avion de type Twin Otter que mon père venait d'acheter et qui transportait également une partie de la famille pour ce voyage inaugural.

« J'ai parlé ce jour-là pour la première fois avec Pablo Escobar. Il portait un revolver calibre 38 long à crosse noire à la ceinture et une petite montre carrée au poignet gauche. Je l'ai salué, mais sans l'appeler *Patrón* ou *Don Pablo*, ni "chef"... je ne suis pas d'un naturel obséquieux. Je lui ai dit : "Bonjour, Pablo, comment ça va ?" Avant de me répondre, il m'a fait signe de venir m'asseoir à côté de lui.

"Salut mon gars, comment va ? Bien ou quoi ?

– Bien, Pablo, je travaille à la propriété, où je fais des panneaux et d'autres petits trucs.

– Ah, oui, je t'ai vu." Le temps du vol, mon père dit à *Malévolo* qu'il avait beaucoup de projets pour Nápoles, dont le jardin zoologique, qui comptait déjà deux girafes et attendait de recevoir bon nombre d'animaux qu'il avait achetés aux États-Unis.

"C'est que j'ai vu des trucs géniaux à Miami... J'ai vu des sculptures d'animaux et des arbustes taillés en forme d'animal que j'aimerais avoir ici.

– Vous savez, Pablo, ce que vous dites est très difficile parce que ce genre de plantes ne poussent pas sur cette terre stérile. Il vaut mieux faire ces arbustes en plâtre et on les peint de la couleur que vous voulez. Ça fait joli et on n'a pas besoin de les arroser. Par contre, on peut faire les sculptures d'animaux.

– Allons-y alors pour les grands animaux." »

La vie de *Malévolo* changea à partir de cet instant. Il devint un employé direct de mon père et on lui donna une chambre avec téléviseur et ventilateur dans un secteur de Nápoles connu sous le nom de Panadería. En plus, il pouvait entrer à La Mayoría, où il retrouvait mon père quand il était là.

« Je me souviens d'un soir où je vais à la cuisine chercher un soda et je me retrouve devant ton père et tous les boss du cartel, parmi eux *El Mexicano* et les frères Fidel et Carlos Castaño. Au moment de repartir, Pablo s'est approché de moi, m'a mis la main sur l'épaule et m'a demandé : "*Malévolo*, on en est où question poulettes (femmes) ?" Je souriais et ils étaient tous là à nous regarder. Il faut dire qu'être bras dessus-bras dessous avec l'homme le plus recherché du monde, ça en jette, non ? »

Pour construire les animaux préhistoriques grand format qu'on lui avait commandés, *Malévolo* prit pour premiers modèles les dessins des emballages des chocolatines Jet. C'est ainsi qu'est né le brontosaure, un animal énorme au long cou, dont la construction allait durer plus d'un an. Il l'a peint de couleur verte et, avec le temps, il deviendrait le lieu préféré des chercheurs de trésors cachés. Des milliers de personnes l'ont perforé de tous les côtés en pensant que mon père y avait dissimulé une fortune. Rien n'était moins vrai. Mon père n'a jamais caché d'argent dans des coffres, des jarres ou dans quoi que ce soit, parce qu'il disait qu'il était une machine à faire de l'argent et qu'il n'avait donc pas de raison d'en mettre de côté.

« Quand il a vu le travail terminé, Pablo s'est enthousiasmé et il m'a dit d'en faire beaucoup d'autres. Je me souviens en avoir fait huit ou dix, un par an. Et Gustavo Gaviria – qui était très radin – m'avait dit : "Continue à faire ces putains d'animaux géants en ciment, parce que chacun me coûte un dixième de ce qu'en vaut un vivant." »

Mais malgré l'opposition de son cousin et associé, mon père n'a jamais cessé de remplir l'hacienda d'animaux exotiques, sans se soucier du prix qu'ils lui coûtaient.

« Quand les hippopotames sont arrivés, se souvient *Malévolo*, Pablo est allé jusqu'au bord du premier lac où se trouvaient les cages avec les animaux. Nous avons commencé à ouvrir les grandes caisses de bois et le premier animal est sorti, puis le second, puis un zèbre… mais le dernier hippopotame ne voulait rien savoir et surtout pas passer par la porte de sa caisse ouverte. Pablo observait depuis le capot d'un ancien modèle de 4 × 4 Toyota blanc. C'est alors que, à huit ou dix employés, nous avons pris la cage et nous l'avons soulevée pour faire sortir l'animal et qu'il aille dans le lac. Mais tout d'un coup, l'hippopotame s'est arrêté, puis a fait un énorme saut pour passer juste à côté de Pablo, qui s'est fait une belle frayeur. Nous avons explosé de rire. »

Malévolo fut aussi le témoin de l'euphorie qui s'empara de mon père au premier semestre de 1982, quand il fut élu député à la Chambre des représentants. Il est arrivé un jour à Nápoles, et pendant qu'ils faisaient un tour dans le parc zoologique, il lui a dit :

« Si c'était le premier essai, tu t'imagines jusqu'où on peut aller ? »

Évidemment, mon père avait gagné à sa première tentative de briguer une élection populaire, et naïvement, il en vint à penser qu'il pouvait parvenir aux plus hautes sphères de l'État, jusqu'à devenir président de la République. Mais il se trompait lourdement et Il lui aura fallu beaucoup de temps pour se rendre compte qu'entrer dans l'arène politique serait sa perdition.

À ce stade de la conversation, je demande à *Malévolo* de reprendre le récit de la nuit du 30 avril 1984, jour de l'assassinat du ministre Lara Bonilla, quand mon père est parti de la propriété de Nápoles avec la reine de beauté de Medellín et sa mère, en le laissant faire face à l'éventuelle arrivée des autorités.

Comme mon père le lui avait demandé, *Malévolo* réunit les près de 300 employés de l'hacienda et leur donna des instructions précises : se défaire des armes et des munitions, des drogues qu'ils pourraient consommer, ne pas opposer de résistance et rester ensemble au moment de la perquisition. Un seul élément resta en place : la batterie anti-aérienne installée près de la piscine.

Ils obéirent tous aux ordres avant de reprendre leurs activités normalement, jusqu'au quatrième jour, le 4 mai 1984, où se produisit l'arrivée attendue, par voie aérienne et terrestre, de l'armée de terre et de la police. Effrayés par la batterie anti-aérienne, les agents en uniforme crurent qu'on allait les attaquer et ils ordonnèrent par mégaphone à tout le monde de se coucher au sol.

« J'étais loin de La Mayoría, avec deux autres employés, en train de peindre des images d'animaux sur un panneau, quand sont arrivés quatre ou cinq policiers qui m'ont ordonné de lever les mains pour me fouiller. J'ai fait mine de ne pas comprendre et l'un d'eux m'a crié : "À vous de voir, ne faites pas l'idiot." Ils nous ont ensuite emmenés dans la maison, où ils nous ont couchés au sol, comme les autres.

"Le premier qui lève la tête, on le fume", a dit un gradé de la police avant de donner l'ordre de fouiller la propriété dans les moindres recoins. Comme j'étais responsable de tout, je me suis mis debout et j'ai accompagné les soldats. Bien que nous ayons tout sorti les jours précédents, nous avons joué de malchance au moment où, dans la première chambre fouillée, roula au sol un silencieux de pistolet. Heureusement, un soldat s'en est saisi et l'a glissé dans sa poche sans rien dire. Quelques heures plus tard, puisqu'ils n'avaient trouvé ni cocaïne, ni armes, ni tueurs et encore moins Pablo Escobar, la pression est redescendue, et dès le lendemain, nous avons même offert à manger aux policiers et aux soldats. Ils sont allés jusqu'à nous autoriser à nous rendre à Medellín ce "week-end-là". »

D'un point de vue « légal », l'hacienda de Nápoles passait sous le contrôle de l'État à partir de ce moment-là, et les hélicoptères, les avions, les aéroglisseurs et les autres véhicules furent transférés vers la base aérienne de Palanquero à Puerto Salgar, Cundinamarca. Mais dans la pratique, Nápoles continua de fonctionner comme si de rien n'était et mon père et Gustavo Gaviria s'organisaient de loin pour que *Malévolo* aille à Medellín récupérer l'argent pour payer les salaires et la maintenance du parc zoologique et de la propriété.

« J'allais chercher l'argent toutes les deux semaines en bus et je ramenais un sac avec les trois millions et demi de pesos que coûtait le fonctionnement total de Nápoles. »

Mon père mit cinq mois à revenir à la propriété, alors qu'il était entré en clandestinité. Même s'il essayait de faire comme si rien n'avait changé, la réalité était bien différente à Nápoles, parce que les fantômes de l'occupation, des fusillades et de l'affrontement restaient bien présents.

« Nous sommes devenus noctambules, comme lui, et bien souvent, vers quatre ou cinq heures du matin, assis quelque part dans la propriété, Pablo faisait des exercices mnémotechniques ; il disait, par exemple, "je commence avec cinquante mots… la balançoire, le terrain, la table, la chaise, le ballon, le grillage", etc., et ainsi de suite jusqu'à arriver à cinquante, puis il récitait la liste en sens inverse sans presque se tromper. »

Malévolo se souvient ensuite de la froideur avec laquelle mon père se comporta la nuit de l'assassinat du ministre Lara et précise qu'il a dû s'y habituer parce qu'il l'a vu agir ainsi plusieurs fois par la suite.

« C'est que Pablo aimait bien les défis. Une fois qu'il était à La Mayoría, nous l'avons averti par radio que la "Loi" était arrivée et qu'elle était à "l'avionnette", le code pour parler de l'entrée de Nápoles. Il demanda alors combien ils étaient, et nous lui avons répondu dans les vingt, et nous cinq ou six. Alors, et je ne sais pas s'il était sérieux, il nous a dit : "Ça en fait quatre par tête".

Il y eut beaucoup de descentes, mais c'est comme si ça ne lui faisait rien, comme si ça ne lui faisait pas peur. Une fois, lorsque la police est arrivée et a occupé La Mayoría, nous nous sommes cachés avec lui à 200 mètres, derrière des citronniers. Puis nous avons commencé à éplucher des citrons en attendant que la “Loi” s’en aille et de pouvoir retourner dans la maison. Une autre fois, les forces de l’ordre sont entrées et il a commencé à demander à combien de mètres elles se trouvaient. On lui dit qu’elles sont à 500 mètres, puis à 300… et il nous interrompt et dit : “Prévenez-moi quand ils seront à cinquante mètres pour que je commence à courir.” »

À la fin de la conversation, *Malévolo* me relata les termes d’une discussion qu’il avait eue avec mon père quelques mois après la mort du ministre Lara Bonilla, quand il put échapper à la traque et revenir à Nápoles ne serait-ce que pour quelques heures. Peut-être était-ce parce qu’il n’en avait jamais parlé avec personne, mais *Malévolo* n’avait pas idée qu’il avait été pendant plus de trente ans le dépositaire d’un secret.

« Nous étions cachés à l’arrière de Nápoles, assis, en train de fumer un joint d’herbe. Pablo m’a regardé et m’a dit : “Si je ne tue pas Lara, je me suicide ; maintenant j’ai une raison de courir, de prendre la tangente ; j’ai trouvé un sens à la vie”. »

CHAPITRE 7

Les dernières 72 heures de mon père

Au bout d'une longue recherche dans plusieurs endroits de Medellín, j'ai finalement trouvé la maison de Luz, une cousine de mon père et la dernière personne à l'avoir vu en vie, le 2 décembre 1993, avec *Limón*, son chauffeur et garde du corps. Luz est une dame à l'air aimable, qui n'a jamais été mêlée à des activités illicites. Elle était unie à mon père par un amour familial et non pas par un quelconque intérêt économique. Il le savait parfaitement et c'est pour cette raison qu'il lui a confié sa vie et sa sécurité dans les derniers moments de son existence.

Après que je lui eus exposé l'objet de ma soudaine apparition chez elle, Luz accepta de parler pour la première fois des 72 heures qui ont précédé la mort de mon père. Son récit, rempli d'informations que j'ignorais, a provoqué chez moi une sensation de tristesse parce qu'il ne laisse aucun doute sur le processus de détérioration qu'il a vécu, alors que ses ennemis lui avaient presque tout pris et que nous, sa famille, étions en grand danger à Bogotá.

Cela explique pourquoi, dans les dernières heures de sa vie, mon père a violé tous les protocoles de sécurité en passant de nombreux appels – y compris à Residencias Tequendama – pour nous parler, sans se soucier du fait que s'identifier par son vrai nom faciliterait la tâche des policiers qui avaient placé les téléphones sur écoute et en profiteraient pour tracer l'endroit d'où provenaient ses appels.

Luz me raconta que, trois mois après s'être échappé de la prison de La Catedral – approximativement en octobre 1992 –, mon père avait débarqué à l'improviste dans sa maison du quartier La Paz, à Envigado. Il était minuit passé quand quelqu'un avait frappé plusieurs fois à la porte, jusqu'à ce qu'elle et ses deux fils aînés se réveillent.

Pour Luz, la surprise fut immense en voyant que mon père – de nouveau l'homme le plus recherché du monde – prenait le risque de revenir dans le quartier qui l'avait vu naître et grandir, comme bienfaiteur et comme voyou. C'était justement là que se concentraient une bonne partie des moyens de recherche déployés pour trouver mon père, et les perquisitions, arrestations et opérations policières et militaires étaient quotidiennes.

« Comment ça va, cousine ? Ça roule ? Je vous réveille ? Désolé, je passais vous saluer. Comment allez-vous ? dit mon père, grimé d'une perruque, d'une casquette et de lunettes transparentes.

– Ah, Pablo, quelle joie de vous voir ici, entrez, je vous en prie, entrez. Vous venez seul ? demanda Luz, mi-déconcertée, mi-émue par l'arrivée de son cousin qu'elle n'avait pas vu depuis longtemps.

– Oui, ma belle, je suis venu seul. »

Après qu'ils se furent remémoré quelques anecdotes familiales, mon père demanda à lui parler en privé dans une des chambres de la maison. Elle accepta.

« Écoutez, cousine, vous auriez peur de vous occuper de moi secrètement dans une maison de Medellín ?

– Cher cousin, ce serait une joie de pouvoir vous aider dans la mesure du possible. Comptez sur moi, répondit-elle immédiatement, sans mesurer tout ce que cette situation pouvait supposer.

– Ah, eh bien je vous remercie beaucoup. Comptez sur une compensation de ma part. Alors, voyez, je vais vous laisser cet argent pour que vous achetiez une maison dans le quartier de Los Olivos. C'est un secteur très calme où je pourrai me cacher pendant un temps. Mais faites bien attention, vous ne pouvez en parler à personne, même pas à vos enfants, ni à votre mère. À personne ! »

Luz se souvint que, dans les semaines qui suivirent, mon père lui rendit visite régulièrement, à peine quelques minutes à chaque fois, pour l'informer des règles de sécurité, axées désormais sur la ponctualité. Je n'exagère pas quand je dis que mon père exigeait de tous ceux qui étaient avec lui qu'ils synchronisent parfaitement leurs montres, à la seconde près. Il nous disait toujours qu'une minute pouvait faire la différence entre vivre ou mourir.

Il insista également auprès de Luz pour qu'elle n'utilise pas le téléphone, tant il savait à quel point c'était dangereux. Et il lui répéta la phrase qu'il m'avait dite tant de fois : « Le téléphone, c'est la mort. » Ils choisirent aussi trois lieux de la ville où ils se réuniraient en cas de besoin et ils leur donnèrent des noms de code.

Plusieurs mois passèrent jusqu'à la mi-novembre 1993, quand Luz fit l'acquisition de la maison située Carrera 79 n° 45 D-94, qui serait la dernière tanière de mon père. C'était une construction typique des classes moyennes, avec garage, salon, salle à manger et cuisine, escalier d'accès à l'étage, trois chambres et deux salles de bain.

« La maison avait particulièrement plu à votre père, se rappelle Luz, parce qu'il y avait, au premier, une sortie à l'arrière qui donnait sur les toits, accolés à la maison voisine.

Nous y sommes venus avec votre père pendant un an pour tout organiser. Il me disait quoi faire et je l'écoutais pour tout. Mais finalement, quelle tristesse, nous ne sommes restés que dix jours à peine dans cette maison, pas plus. »

Luz se souvient que durant les premiers jours dans la maison, elle avait senti mon père très abattu, inquiet de l'incertitude autour de notre sécurité, car il avait eu vent du harcèlement des *Pepes* – l'organisation clandestine créée par ses ennemis pour le traquer – contre l'immeuble Altos à Medellín, où ma mère, Manuela, ma fiancée et moi étions réfugiés, sous la prétendue protection du Bureau du procureur.

L'inquiétude de mon père augmentait au fil des heures, car à ce moment-là, nous ne pouvions plus communiquer et il ne suivait l'évolution de la situation qu'à travers les informations à la télévision. La confusion monta d'un cran entre le 28 et le 29 novembre, au moment de notre tentative intempestive et échouée de voyage vers l'Allemagne, où nous espérions être accueillis sous le statut de réfugiés.

Tout en étant intrigué par le déroulement des dernières heures de la vie de mon père, je redoutais d'entendre Luz révéler au compte-goutte l'intimité de ces moments passés à ses côtés, dans une si triste époque de ma vie personnelle et familiale. Et effectivement, elle finira par décrire mon père comme jamais je n'aurais voulu le voir, comme jamais il ne se serait montré devant nous qui avons été ses plus grands amours. En d'autres termes, Luz voyait un Pablo Escobar défait par l'impuissance de ne pouvoir protéger sa famille.

« L'homme a beaucoup souffert lors de votre expulsion d'Allemagne. Il ne s'y attendait pas, parce que Nicolás, le fils de Roberto Escobar, avait pu y entrer sans problème, et il avait pensé qu'il en serait de même pour ses enfants et son épouse. »

Tel que le racontait Luz, le fait que le gouvernement allemand nous force à retourner en Colombie obligea mon père à repenser sa façon de contre-attaquer et de continuer la guerre. Avec sa famille en Colombie, il se retrouvait coincé, parce qu'il savait que nous serions le prochain objectif des *Pepes*, nous qui nous trouvions désormais confinés dans un appartement à Residencias Tequendama, à Bogotá, sans perspective de sortie.

« Il était désespéré. Il avait l'air très inquiet, il faisait les cent pas. Je me couchais et je l'entendais marcher dans la maison. Alors je restais lui faire la conversation pour le distraire un peu. Il parlait beaucoup de vous, de la petite et des télénovelas qu'ils regardaient ensemble. La nuit, il écrivait et j'avais de la peine à le voir marcher sans arrêt dans tous les sens. Il était taciturne, mais de temps en temps, il me demandait si j'avais peur d'être là, auprès d'une personne tellement recherchée. Je lui répondais que je resterais avec lui quoi qu'il arrive. Mais il a dû se passer quelque chose au dernier moment, parce que, le 30 novembre, il m'a dit qu'il allait parler avec *El Gordo* et qu'il rentrerait plus tard », se souvient Luz.

Intrigué par cette pulsion inattendue qui poussa mon père à aller voir *El Gordo* en ce jour de novembre, moins de 72 heures avant sa mort, je m'en allais le trouver dans le centre de Medellín, où l'on m'avait dit qu'il travaillait.

El Gordo et sa désormais ex-épouse Gladys avaient été les deux « cacheurs » en qui mon père avait le plus confiance. Nous avons passé plus d'un an enfermé avec eux dans différents lieux de Medellín sans qu'ils le dénoncent, malgré les importantes sommes d'argent que le gouvernement promettait à qui livrerait des informations au sujet de sa planque.

Selon le récit d'*El Gordo*, ce mardi-là, le dernier jour de novembre, mon père était très triste : nous étions tombés dans un piège tendu par le gouvernement, qui l'obligeait à revoir les plans qu'il avait envisagés pour faire fléchir une nouvelle fois l'État. Mais, comme c'est arrivé avec d'autres récits dévoilés dans ce livre, ce que me raconta *El Gordo* m'interpella, parce que je n'avais jamais entendu dire que mon père avait eu l'intention de continuer à se battre. J'avais cru comprendre qu'il s'était retrouvé pour ainsi dire seul depuis la mort de son dernier lieutenant, Alfonso León Puerta Muñoz,

El Angelito[23], abattu par le Bloc de Recherche, le 7 octobre précédent.

Au contraire, d'après *El Gordo*, mon père ne s'est pas tenu tranquille après le coup dur que supposait la mort de *Ramón* – le nom de code d'*Angelito* – et il envisageait un plan macabre pour récupérer l'argent qu'il avait perdu dans la confrontation.

« Votre père m'a dit qu'il allait enlever tous les riches de Llanogrande et Rionegro quand ils seraient réunis pour les fêtes en décembre. Qu'il allait les prendre par surprise et qu'il disposait pour cela de cent hommes armés, parce que le plan était de leur soutirer un bon paquet. Il disait aussi qu'il avait repéré plusieurs endroits où cacher les otages en attendant qu'ils payent leur rançon. À la fin, il m'a demandé qu'à son signal je parte pour Bogotá organiser quelques cachettes pour y rester tranquilles quelque temps. »

El Gordo avait dû voir ma tête de surprise, parce qu'il ajouta qu'il avait senti mon père bien décidé à appliquer ce plan, une fois que nous serions mis en sécurité.

« Mais alors, *Gordo*, mon père n'avait plus l'intention de se joindre à l'ELN, comme il l'avait envisagé depuis janvier de cette année-là lorsqu'il

23. Le petit ange, *ndt.*

publia un communiqué où il parlait du groupe rebelle *Antioquia Rebelde* ? demandai-je, déconcerté par la découverte de cet évident changement de plan.

– Non. Votre père avait décidé de jouer le grand jeu, de séquestrer ces quelques riches et de se réfugier à Bogotá pour continuer les enlèvements massifs dans les zones où résidaient les plus aisés. »

El Gordo se souvint que mon père lui avait dit qu'il rentrait à la planque où il se cachait avec une cousine et *Limón* parce qu'il voulait être avec eux le lendemain, le jour de son quarante-quatrième anniversaire.

Pour en revenir à ma conversation avec Luz, le matin du mercredi 1er décembre 1993, mon père se leva, comme toujours un peu avant midi, et trouva une bouteille de champagne et un gâteau au chocolat qu'elle avait achetés avec une de mes tantes.

Ils convinrent de partager le gâteau avant le repas, et entre-temps mon père se retira dans sa chambre pour, chose inhabituelle, appeler *El Gordo*, qui était dans une planque connue sous le nom de la « maison bleue », ce qu'il n'avait jamais fait avant. Cette attitude montre bien qu'il était en train de perdre le contrôle de la situation, puisqu'il commençait clairement à enfreindre les règles de sécurité qui l'avaient maintenu en vie jusque-là.

« Ah, *Gordo*, j'ai réfléchi. Je ne suis définitivement pas né pour travailler pour qui que ce soit, mon frère. Je ne vais aller dans aucun maquis à la con. Je viendrai demain vous rejoindre, ne bougez pas de là, on continue avec l'autre plan. »

Sur le coup de 18 heures 30, Luz appela mon père et *Limón* pour qu'ils la rejoignent dans la salle à manger, couper le gâteau et trinquer avec une coupe de champagne.

« J'ai chanté *happy birthday*, mais il est arrivé quelque chose de très étrange. Au moment de trinquer, *Limón* a fait tomber sa coupe sans qu'elle se brise. Elle est tombée droite, et j'ai dit "ouf, heureusement". Mais *Limón* a rétorqué : "C'est pas bon, ça veut dire que quelque chose de mauvais va arriver." Votre père est resté silencieux. »

Après avoir mangé une part de gâteau et bu quelques gorgées de champagne, mon père remonta dans sa chambre.

Le lendemain matin, le 2 décembre, mon père viola de nouveau les règles de sécurité et appela la « maison bleue ». Pour compléter cette partie du récit, je contactai à Medellín Gladys – ex-épouse d'*El Gordo* –, qui me dit qu'elle se souvenait de ce moment comme si c'était hier.

« C'était très bizarre de parler ce jour-là au téléphone avec *El Patrón*, parce qu'il avait ordonné expressément de ne passer ni de recevoir d'appels sous aucun prétexte. Votre père était le seul à connaître ce numéro. Vous savez qu'il nous disait de communiquer depuis des téléphones publics. Mais ce jour-là, j'ai eu le pressentiment que c'était lui qui appelait, parce que le téléphone n'arrêtait pas de sonner. Je pensais qu'il allait me gronder d'avoir décroché, mais je me suis décidée à le faire et, effectivement, c'était *El Patrón*. Il m'a dit de ne pas bouger de là, qu'on devait l'attendre pour le lendemain, et il m'a demandé de lui passer *El Gordo*. »

Après la description de cette courte conversation avec mon père, Gladys, une femme « sans nerfs », comme elle se définit elle-même, me raconta plusieurs éléments qui aident à comprendre les dernières heures de la vie de mon père.

« Juan Pablo, je suis désolée de ce que je vais vous dire, mais sur la fin il perdait les pédales, c'était triste. Après la mort d'*Angelito*, et pour prouver qu'il était toujours capable de tout, il s'est mis en tête d'aller prendre des otages à Medellín avec deux autres jeunes. Je lui disais "monsieur, qu'est-ce qu'il vous arrive ?" Et il me répondait : "Il ne m'arrive rien", puis il tirait sur sa cigarette de marijuana et plaisantait en me soufflant la fumée au visage. »

Savoir que mon père perdait sa lucidité a provoqué chez moi un grand malaise, parce que cela voulait dire que la stratégie de ses ennemis qui visait à l'isoler de sa famille et à l'acculer pour le pousser à commettre des erreurs avait fonctionné.

« C'est qu'il ne vous en avait rien dit, mais lorsque vous êtes partis de la "maison bleue" vers Altos del Campestre, pour vous placer sous la protection du procureur, il était certain de ne plus jamais vous revoir. Il restait assis toute la journée. Je lui disais de manger et il me répondait qu'il mangerait plus tard, qu'il n'avait pas faim. L'incertitude sur ce qu'il allait advenir de vous et de Manuela le minait. Il était très mal. Comme en train de devenir fou. Il marchait et marchait sans arrêt dans toute la maison. »

Luz poursuit le récit et me raconte que, vers 11 heures du matin, comme c'était prévu avec mon père, elle est sortie faire quelques courses et au passage rendre visite à ses enfants. Mon père lui a demandé d'être de retour pour 15 heures précises, parce qu'il avait une course à faire, et il l'a prévenue que si elle ne revenait pas à cette heure-là, elle ne le trouverait pas à la maison. Elle répondit qu'il n'y avait pas de problème et qu'elle avait la liste des courses : plusieurs blocs-notes, boîtes de stylos, crayons, gommes, produits d'entretien, médicaments, briquets et lanternes.

« Je leur ai laissé le déjeuner préparé. J'avais fait des tranches de banane mûre frites et une casserole pleine de spaghettis sauce blanche. Je me souviens qu'au moment où je suis sortie il était en train de composer le numéro pour vous appeler. »

En retraçant les dernières heures de mon père, j'ai découvert que, pendant que Luz faisait les courses, il avait appelé le numéro d'un téléphone portable qu'il avait fait parvenir à ma grand-mère Nora, des semaines auparavant, pour pouvoir communiquer en cas d'urgence. C'était le seul moyen pour lui de savoir précisément comment nous allions. D'après ce que j'ai pu constater, quelques minutes avant 15 heures, le 2 décembre, mon père composa ce numéro. Ce n'est pas ma grand-mère qui décrocha, mais un vieil ami de la famille qui lui rendait visite à ce moment-là, *Narquito*, comme on l'appelait affectueusement.

J'ai retrouvé *Narquito* et il m'a raconté qu'en effet mon père avait reconnu sa voix et l'avait salué comme toujours, comme si de rien était. Mais il se souvient aussi que ceux qui étaient à ce moment-là dans l'appartement de ma grand-mère ont eu très peur parce qu'un hélicoptère survolait le bâtiment. Prise de panique, ma grand-mère cria à *Narquito* de raccrocher. Mon père comprit ce qui provoquait ces cris et parvint à dire à *Narquito* : « Qu'est-ce qu'il se passe, mon frère, ça va bien ? Reste calme, on va s'en sortir. »

Ignorant tout de ce qu'il se passait, Luz se trouvait dans un supermarché proche de la maison quand une dame tomba par terre, qu'elle l'aida à se relever. Elle l'invita ensuite à prendre un café et c'est seulement à ce moment-là qu'elle se rendit compte qu'elle était en retard. Elle partit en courant, très inquiète parce que mon père l'avait prévenue qu'il devrait sortir aux alentours de 15 heures.

Il était 15 h 30 quand elle arriva au quartier de Los Olivos et observa des mouvements anormaux. La rue avait été bouclée et les gens commençaient à s'agglutiner. Luz sentit que quelque chose était arrivé à mon père, et elle n'hésita pas une seconde à monter dans un taxi en direction du quartier de La Paz.

Elle apprit bien longtemps après que dans ses derniers instants mon père s'entêta à parler avec nous, une obsession qui causa sa perte. À ce moment fatal, mon père savait pertinemment que ses options étaient épuisées et il ne faisait plus aucun doute qu'il devait choisir entre sa vie et celle de ses êtres les plus chers. Alors il choisit la voie qui nous permettrait de rester en vie et il se suicida. Il confirmait ainsi l'amour infini qu'il portait à ma mère, à ma petite sœur – qu'il adorait –, et à moi.

Dans la solitude de son enfermement, de plus en plus isolé et sans pouvoir réagir, mon père savait que nous pouvions être victimes d'un attentat à tout instant parce que nous étions soumis au « schéma de sécurité » du gouvernement et du procureur. Les *Pepes* ne savaient que trop bien que, s'ils nous attaquaient, mon père serait très vulnérable.

CHAPITRE 8

La « route du train »

C'est à la prison de La Catedral, l'une des nombreuses nuits que j'ai passées caché là-bas, que j'ai entendu parler pour la première fois de la route de trafic de drogue connue sous le nom de « route du train ». J'étais resté près de vingt jours consécutifs sur place, parce que l'on avait raconté à mon père que certains officiers du Bloc de Recherche et les chefs du cartel de Cali avaient lancé un plan pour m'enlever.

Dans l'organisation mafieuse de mon père, les voyous qui travaillaient pour lui se réunissaient très souvent le soir pour bavarder, se raconter des histoires et se vanter de leurs prouesses dans le monde de la pègre. Une de ces nuits de causerie, mon père fit référence à la « route du train », parce qu'il avait à côté de lui celui que l'on surnommait *Luca*, un de ses plus anciens lieutenants, qui connaissait tous les détails de cette aventure qui avait produit beaucoup d'argent.

Les personnes présentes riaient aux éclats en écoutant *Luca* raconter pendant plus de deux heures comment les tentacules de l'organisation criminelle et mafieuse de mon père avaient atteint des limites insoupçonnées.

Mon père avait baptisé cette route la « route du train », en raison de la vitesse, de la facilité et de l'efficacité avec lesquelles il avait fait entrer aux États-Unis pas moins de 64 tonnes de cocaïne entre 1986 et 1989, avec la complicité de fonctionnaires anti-drogue, au moment de la transition entre les gouvernements de Ronald Reagan et de George Bush senior.

La route ne fut jamais découverte, mais simplement abandonnée, dès lors que l'intensité de la guerre que livrait mon père contre l'État colombien l'obligeait à passer de longues périodes caché sans trop pouvoir communiquer avec le monde extérieur. Pendant tout le temps où la ligne du « train » a fonctionné, les revenus cumulés estimés du cartel de Medellín ont atteint les 768 millions de dollars.

La « route du train » est née accidentellement le jour où *Luca* vint voir mon père et lui raconta l'histoire d'une fille nommée Silvia, une ex-petite amie dont il s'était séparé quelques années avant. *Luca* raconta à mon père qu'il l'avait rappelée pour la reconquérir, tant il se sentait toujours attiré par elle. Et les raisons de lui courir après ne manquaient pas puisqu'elle était blonde aux yeux clairs, élancée, les cheveux longs, svelte. Elle avait vingt-cinq ans et une âme de hippie, consommatrice coutumière d'herbe et amatrice d'arts plastiques. Silvia était désirée par tous les hommes, mais plus particulièrement par les mafieux qui, éblouis par sa beauté, ne lésinaient pas sur les fastes et les cadeaux pour la conquérir.

D'après le récit que fit *Luca* cette nuit-là à La Catedral, il cherchait par tous les moyens à retrouver l'amour de Silvia : il l'appela des dizaines de fois, lui envoya des fleurs pendant plusieurs semaines et lui écrivit de longues lettres d'amour. Cela faisait plusieurs années qu'ils s'étaient séparés, mais il était convaincu qu'ils pouvaient se donner une seconde chance. *Luca* fut surpris, tant la fille discrète, timide, de classe moyenne-basse et dans une situation financière précaire avait laissé place à une nouvelle Silvia, sûre d'elle, vêtue à la dernière mode et dont on devinait la solvabilité financière.

Silvia, poursuit *Luca*, céda à ses avances et accepta de redonner une chance à leur relation, nostalgique de l'intensité de leur amour passé. La réconciliation fit renaître en eux une forme d'intimité, de laquelle allait découler la révélation d'un grand secret : elle lui confessa qu'elle avait connu des trafiquants de drogue de Medellín et de Bogotá, et qu'elle transportait de la drogue pour eux vers Miami avec une certaine régularité.

Fort de cette information, *Luca* s'en alla directement voir mon père :

« *Patrón*, attendez que je vous raconte ce que m'a dit cette fille avec qui je sors... Et si je vous disais que des gars l'ont recrutée, elle et tout un groupe de filles, pour transporter de la dope vers Miami depuis l'aéroport Rionegro sur des vols commerciaux ? Elle m'assure l'avoir fait plusieurs fois, et qu'une fois débarquée à l'aéroport, là-bas, elle est reçue par des gens qui la font sortir par-derrière sans passer par les contrôles habituels.

– Comment ? Pas possible, c'est ça qu'elle fait ? Comment ils ont bien pu s'organiser là-bas pour l'arrivée des personnes chargées ? creusa mon père.

– *Patrón*, elle m'assure qu'elle y est allée plus de cinq fois, et sans visa ! Et même comme ça, elle et les autres blondes peuvent entrer sans problème.

– Ah, *Luca*, faut qu'on se bouge sur ce coup pour récupérer ça et la faire travailler pour nous. Essaie d'en savoir plus pour voir comment on gère cette affaire qui a l'air bien intéressante. »

Ce soir-là, vu l'intérêt non dissimulé de mon père, *Luca* alla parler avec Silvia : il devait savoir qui étaient ses contacts à Medellín et à Miami, connaître le fonctionnement de l'opération et les quantités de coke transportées.

« Ma belle, *El Patrón* voudrait en savoir plus sur ce que tu m'as raconté, lui dit *Luca*, pendant qu'ils mangeaient chez elle.

– Et pourquoi ça ? demanda-t-elle, effrayée.

– Il veut entrer dans ce business et tu sais qu'on ne peut pas dire non au *Patrón*. Ces gens pour lesquels tu travailles ne payent pas leur part, et vaut mieux que tu m'aides parce qu'on sait très bien l'état dans lequel Pablo se met quand les gens traficotent depuis Medellín sans l'aider pour la guerre. Tu sais qu'il s'oppose à l'extradition et qu'il le fait pour tous les trafiquants d'ici et de tout le pays. Alors il vaut mieux que tu te fasses à l'idée qu'à partir de maintenant tu es embauchée par le cartel pour continuer ce manège. Il va falloir que tu me donnes les noms de tous ceux qui sont impliqués là-dedans.

– Ah non, *Luca*, je suis juste une mule qui a voyagé quatre ou cinq fois, c'est tout. Ce n'est pas moi qui commande, je ne suis personne, moi.

– On s'en fout, tu les connais. Tu sais très bien comment tout ça fonctionne. Viens, on va voir *El Patrón* pour que tu lui expliques directement, on n'a pas besoin de se prendre trop la tête avec ça.

– Attends, mon amour, calme-toi. Je t'explique d'abord ce que je sais. Je n'osais pas te donner plus de détails par téléphone. Le manège se fait avec des gringos de l'autorité anti-drogue, qui nous réceptionnent à l'aéroport de Miami et nous emmènent sur le parking en passant par des couloirs et des escaliers. Ils gardent les sacs contenant la drogue pendant qu'ils vérifient la quantité, parce qu'ils touchent une commission pour chaque kilo qu'ils laissent entrer. Ils sortent ensuite la marchandise de l'aéroport et la rendent quelques kilomètres plus loin… ils sont payés en liquide en échange. »

Même si ce qu'il venait d'entendre lui paraissait incroyable, *Luca* crut au récit de Silvia parce qu'il savait qu'elle ne lui mentirait pas, vu la crainte que lui inspirait le nom de mon père. Il nota d'ailleurs que la jeune fille tremblait en imaginant ce qu'il allait se passer maintenant pour tous ceux qui étaient impliqués dans la gestion de cette route. Elle sut comprendre que la seule façon de sauver sa peau était de collaborer, pour que la bande de *Luca* s'approprie le business d'*Andrés Felipe* et de *Carlos*, les deux *paisas*[24] propriétaires de la route.

Avec toutes ces informations, *Luca* salua affectueusement Silvia et partit vers la planque de mon père. Ils étaient tous les deux conscients que leur relation allait inévitablement changer : beauté et sentiments seraient relégués au second plan, ils étaient désormais liés par les affaires.

À mesure que *Luca* avançait dans son récit, cette nuit-là, à La Catedral, mon père opinait du chef, comme pour approuver ce qu'il disait. Les autres écoutaient en silence, surpris de ce qu'ils entendaient.

« Ah, cette route, c'était du miel, pas vrai, *Patrón* ? Je me souviens que j'allais à l'aéroport

---

24. *Paisa* : personne originaire du département d'Antioquia, *ndt.*

pour voir défiler toutes ces jolies mules et suivre les détails de l'opération depuis un restaurant tout proche. Je me commandais une petite bouteille de whisky et je buvais lentement en attendant l'appel qui m'informait qu'elles étaient toutes passées.

On cassait tout, putain ! Quel pied, frère, en à peine quatre heures, le tour était joué. »

Mon père souriait, puis *Luca* se mit à décrire les personnes et les autorités impliquées, car il s'agissait, en fin de compte, d'un grand réseau de corruption international.

C'est alors que mon père intervint :

« Nous avions utilisé Silvia comme appât pour qu'elle donne rendez-vous aux propriétaires de la route dans un local commercial de la rue 10 de Medellín. C'étaient deux gars, relativement jeunes, qui n'avaient pas quarante ans et qui nous ont donné toutes les informations utiles et leurs contacts. J'ai décidé de ne pas toucher à leur équipe de Bogotá, à quoi bon ouvrir un nouveau front contre eux si je pouvais les utiliser sans même qu'ils sachent que je m'étais approprié l'ensemble de la route ? J'ai donc dit aux deux gars d'appeler leur équipe de la capitale et de leur présenter la mienne pour que tout continue normalement, géré par téléphone et en message codé.

– Sûr, *Patrón*, et ça s'est passé comme ça. Je me rappelle qu'une fois qu'on a eu établi la connexion avec Bogotá, c'était réglé. C'était le plus important, parce que le mec là-bas nous avertissait des vols sur lesquels nous pouvions envoyer des mules et de la quantité de “dope” qu’on pouvait transporter sur chaque trajet. »

Mon père interrompit *Luca* pour continuer le récit.

« Tout était réglé en fonction des horaires de travail des agents anti-drogue qui recevaient la marchandise à Miami. On n’a jamais su comment ces gars étaient si bien connectés, ou si en réalité le plus malin de tous était le type de Bogotá et que les *paisas* ne faisaient que lui fournir la drogue et les mules avec un départ arrangé de l’aéroport José María Córdova ; mais la vérité, c’est qu’on a fini par trafiquer avec ceux qui étaient censés nous en empêcher. »

La « route du train » commençait dans une petite propriété, une planque de mon père dans les montagnes d’Envigado. On y accédait par la colline d’El Escobero, et on y recevait près de quatre cents kilos de cocaïne fabriquée dans différents laboratoires de la région du Magdalena Medio. La drogue était transportée par camion, souvent sans besoin de la dissimuler, car les commandants des contrôles de police disposés sur l’autoroute entre Medellín et Bogotá savaient quels véhicules ils devaient laisser passer deux fois par semaine sans les fouiller.

En échange, bien sûr, d'une forte somme d'argent mensuelle.

L'emplacement de la propriété était stratégique et son nom de code au sein de l'organisation était « la maison de la sorcière ». À l'époque, cette colline était une piste rendue impraticable par la boue et les glissements de terrain, et mon père disait que le meilleur 4 × 4 pour l'escalader était le Suzuki SJ-410. La maison était située à quinze kilomètres à peine de l'aéroport José María Córdova de Rionegro. Je me souviens très bien de cette piste parce que mon père avait l'habitude de passer par là pour éviter les barrages fixes de la montée de l'avenue Las Palmas ; et parce que je l'utilisais pour profiter de mes quads et autres engins motorisés.

Alors, cinq 4 × 4 Suzuki parcouraient Medellín pour ramasser les mules qui allaient voyager et les emmenaient à « la maison de la sorcière », où les hommes de mon père les attendaient avec la drogue empaquetée dans des valises de tailles et de couleurs différentes et sans aucun signe distinctif particulier.

Avant de partir pour l'aéroport, les nouvelles mules recevaient des instructions sur ce qu'elles avaient à faire pour éviter de commettre des erreurs tant à l'aller qu'au retour. Il était essentiel de les rassurer, et c'est pour ça que les filles les plus expérimentées racontaient leurs expériences aux autres. Le plus évident, et en même temps le plus important, c'est qu'elles ne pouvaient pas se regarder ni se faire signe entre elles, même si elles étaient amies.

Elles savaient aussi très bien que si l'une des mules tombait aux mains des autorités, les autres ne pourraient pas l'aider, sauf à mettre en péril l'opération dans sa totalité.

Une fois que tout était prêt, la piste par laquelle ils montaient vers l'aéroport était tellement difficile d'accès que les 4 × 4 se retrouvaient souvent bloqués, obligeant les mules à pousser les véhicules pour ne pas rater leur vol.

Comme il n'était pas nécessaire de cacher la drogue dans des doubles-fonds puisque tout l'itinéraire était arrangé, le processus était rapide et simple. La seule précaution qu'ils prenaient était d'envelopper les paquets dans un papier spécial pour éviter que des chiens anti-drogue ne détectent l'odeur de la coke.

Chaque mule – en majorité des femmes – recevait un billet d'avion sous un faux nom. Comme leurs valises de cabine étaient lourdes et que les hôtesses se plaignaient parfois d'un excès de poids, mon père ordonna qu'au moins un jeune voyage dans le même vol pour les aider à placer les valises dans les coffres. Le reste était facile parce que presque tous les points de contrôle de l'aéroport avaient été soudoyés, et donc arriver jusqu'à l'avion avec la drogue à la main ne présentait aucun risque.

La corruption a rendu possible un tel jeu de précision.

Il faut dire que la chaîne était longue : les employés de compagnie aérienne étaient prévenus qu'il fallait laisser passer les passagers signalés au check-in sans leur demander ni passeport ni visa, ni aucun autre document et leur imprimer leur carte d'embarquement. Évidemment, les autorités de l'immigration – à l'époque des agents du Département administratif de Sécurité, DAS – étaient aussi dans la combine, et les vols pour Miami, dans lesquels voyageaient en moyenne une dizaine de mules chargées de drogue, n'avaient jamais le moindre retard ni le moindre souci. Il y avait ensuite les policiers chargés de fouiller les passagers et leurs bagages de cabine, qui laissaient passer les jeunes et belles demoiselles en échange d'un généreux sourire. Pour finir, les employés de la compagnie aérienne chargés de vérifier les cartes d'embarquement et d'autoriser à entrer dans l'appareil regardaient de l'autre côté et oubliaient de contrôler les passeports. La « route du train » fonctionnait comme une horloge.

Une fois les mules dans l'avion, leurs noms étaient communiqués par téléphone à un contact à Bogotá, qui appelait à son tour Miami pour transmettre l'information aux agents anti-drogue afin qu'ils puissent les réceptionner.

À l'arrivée à l'aéroport international de Miami, presque quatre heures plus tard, les mules étaient séparées des autres passagers du vol, comme s'il s'agissait d'un contrôle de routine. On n'en faisait pas trop, pour ne pas éveiller les soupçons, et avec le flux habituel de touristes, tout paraissait normal. Mais ce n'était qu'une mascarade, parce que les agents en uniforme et portant des badges à trois lettres conduisaient les belles jeunes filles à travers des zones à accès restreint de l'aéroport, jusqu'à un escalier de secours. Une fois arrivés là, une partie du groupe descendait l'escalier, et l'autre prenait un ascenseur jusqu'à une zone de parking. C'est là que toutes les mules devaient remettre leur bagage pour que les agents anti-drogue puissent compter les kilos et calculer la commission qui leur serait remise le jour même.

Puis les mules marchaient jusqu'à la sortie des voyageurs, où elles étaient récupérées par plusieurs véhicules de l'organisation de mon père aux États-Unis.

Une des mules qui avait travaillé pendant huit mois pour la « route du train » raconta à mon père qu'une fois qu'elles remettaient la valise et que les fonctionnaires de « l'Agence » comptaient la cocaïne, ils la plaçaient dans le coffre d'une vieille voiture conduite par une dame qui avait dans les soixante ans. Ensuite, la dame aux cheveux blancs sortait tranquillement en conduisant sa voiture et allait rencontrer, quelques kilomètres plus loin, les hommes de mon père, qui avaient l'argent liquide pour payer le « péage ». Ce n'est qu'à ce moment-là qu'ils leur rendaient les valises. Avec une moyenne de 400 kilos de coke passés par voyage, la dame pouvait recevoir à chaque fois un peu moins d'un million et demi de dollars.

Lors d'un des nombreux voyages effectués, une mule débutante se trompa et pensa qu'elle devait suivre la file pour l'immigration, comme l'on fait d'ordinaire. Mais elle finit par se perdre parmi la foule des passagers qui circulaient dans l'aéroport de Miami, comme toujours bondé de touristes. Lorsque les agents anti-drogue comptèrent les mules, ils s'aperçurent qu'il en manquait une et eurent la peur de leur vie. Ils ne tardèrent pas à la retrouver.

Mais, non content du succès de la « route du train », mon père, qui aimait bien tricher, trouva deux façons de gruger les gringos : d'abord, les mules portaient plus de drogue que celle qui était contenue dans les valises, parce que les agents ne les fouillaient pas. Ensuite, ils faisaient des paquets plus gros, d'un kilo et demi chacun, parce que les agents les comptaient mais ne les pesaient pas.

Voici les chiffres de la « route du train » : deux vols par semaine entre Medellín et Miami, avec en moyenne un minimum de dix personnes par voyage.

Quarante kilos de cocaïne dans les bagages à main, ce qui fait 400 kilos de cocaïne par voyage, soit 3 200 kilos par mois. Ce qui veut dire qu'en trois ans de fonctionnement, la route a permis de faire entrer aux États-Unis quelques 96 tonnes.

À cette époque, un kilo de cocaïne coûtait environ 1 000 dollars en Colombie, mais en y ajoutant le fret, les frais de transport et le pot-de-vin aux autorités de 3 000 dollars par kilo, le coût final avoisinait les 7 000 dollars. Dans le sud de la Floride, un kilo se vendait alors à 13 000 dollars, mais à New York, ce même kilo pouvait valoir jusqu'à 30 000 dollars.

Si l'on fait une projection de ces chiffres, on peut dire sans exagérer que, sur la durée, la « route du train » a généré 768 millions de dollars de gains pour le cartel de Medellín. Ça me rappelle un commentaire de mon père en pleine période dorée qui disait qu'il y avait bien des fins de semaine où il empochait jusqu'à 70 millions de dollars, le tout grâce au vice des Américains.

Mais si ces chiffres semblaient plus que rentables pour le cartel de Medellín, ils l'étaient encore bien davantage pour les réseaux mafieux locaux, puisqu'ils étaient les maîtres des canaux de vente au détail dans les rues des États-Unis.

Sans s'en apercevoir, les consommateurs rendent la cocaïne en provenance d'Amérique du Sud plus rentable encore, parce que les distributeurs en augmentent le volume en la soumettant à un processus de « coupe » par lequel ils dégradent la pureté du produit en lui ajoutant de l'aspirine, du plâtre, et même du verre pilé. Pour chaque kilo de grande pureté qui leur arrive de Colombie, les narcos locaux mettent jusqu'à quatre kilos « coupés », voire plus, dans la rue. En d'autres termes, lorsque le cartel de Medellín gagnait 768 millions de dollars, les organisations mafieuses qui opéraient à Miami obtenaient quatre fois plus : 3,072 milliards de dollars. À la fin de cette opération illégale complexe, les agents ont reçu près de 288 millions de dollars sur la période, bien moins que les autres maillons de la chaîne.

Une anecdote montre le sentiment de sécurité qu'inspirait la « route du train » : les familles de certains chefs proches de mon père profitaient régulièrement de cette route pour aller faire des balades ou des achats aux États-Unis, durant des voyages qui n'excédaient pas deux semaines.

Mon père a été le protagoniste d'histoires incroyables comme celles que je viens de révéler. Mais il ne faisait que contourner les politiques prohibitionnistes qui continuent, aujourd'hui encore, de garantir une grande rentabilité à un business qui se nourrit avant tout de son immense capacité de corruption. C'est pour cela que les organisations mafieuses maintiennent leur énorme pouvoir dans le monde entier.

Aussi longtemps que le monde s'entêtera dans sa vieille vision guerrière, la seule chose que l'on obtiendra sera de renforcer encore plus les délinquants. Mais il faut surtout apprendre à coexister pour le restant de nos jours avec les drogues, légales et illégales, qui sont tout autant disponibles les unes que les autres, et qui seront toujours là, soumises aux aléas de l'offre et de la demande.

CHAPITRE 9

Le trésorier de mon père

Comme je l'ai déjà raconté dans plusieurs passages de ce livre, au fil de sa carrière criminelle, mon père a fait beaucoup de choses sans que nous, sa famille, le sachions. Mais l'épisode que je m'apprête à narrer, que j'ai appris au cours de mes recherches pour ce livre, montre que son talent de délinquant n'avait aucune limite. C'est *Quijada*, le trésorier personnel de mon père, qui me le raconte ; l'homme qui, des années durant, a géré des dizaines de millions de dollars de revenus de la vente de cocaïne à Miami, à New York et à Los Angeles, et dont je raconte en détail l'histoire dans ce chapitre.

C'était lors d'un voyage que nous avions fait avec mon père, ma mère et d'autres membres de la famille aux États-Unis, en 1983, à l'occasion de l'inauguration de son nouvel avion Lear Jet, un aéronef moderne à deux turbines, peint en blanc avec des franges jaunes et orange. Nous avions prévu de passer quelques jours à Miami, puis de visiter Disney World et Washington avant de revenir à Medellín.

L'avion, avec le pilote et le copilote qui composaient son équipage, atterrit à l'aéroport de Tamiami, un petit terminal aérien privé dans le comté de Miami-Dade, où arrivent des jets d'affaires du monde entier. Nous fûmes accueillis à notre arrivée par *Quijada*, qui nous salua chaleureusement et nous présenta les deux conducteurs et les deux employés qui étaient venus à l'aéroport nous aider à nous rendre à l'Hôtel Omni, au 1601 Biscayne Boulevard, à Miami. Au milieu de cette cohue, *Quijada* fit un geste à mon père lui indiquant qu'il souhaitait qu'il souhaitait lui parler en tête à tête. Après quelques instants de conversation, mon père lui dit que la balade durerait dix jours et que l'avion resterait là jusqu'à notre retour. Mais *Quijada* avait une autre idée.

« D'accord, monsieur, pas de problème, mais je dois vous dire que je suis “bien plein”. »

Quijada se souvient de cette phrase parce qu'il voulait dire à mon père qu'il avait plusieurs millions de dollars dans une cache dans l'attente de pouvoir les envoyer en Colombie. Mon père capta le message et n'eut aucun scrupule à profiter de l'avion pour le charger de caisses remplies d'argent. C'est comme ça que, pendant que nous nous dirigions vers l'hôtel, mon père et *Quijada* ont organisé le transfert des dollars de la maison où ils étaient entreposés et leur chargement dans l'avion. D'ordinaire, quand *Quijada* envoyait l'argent de la coke dans des avions, il empaquetait les billets de 20, 50 et 100 dollars, mais il suggéra cette fois-là d'envoyer ceux de 5, 10 et 20 dollars parce qu'ils occupaient trop d'espace dans les cachettes et qu'il mettait plus de temps à les écouler. Mon père et *Quijada* supervisèrent le dépôt des caisses dans l'aéronef, qui était tellement plein qu'il fallut incliner légèrement vers l'avant les sièges du pilote et du copilote. *Quijada* calcula que près de 12 millions de dollars passèrent lors de ce voyage à Medellín. Une fois que l'avion eut décollé de l'aéroport de Tamiami, mon père et son trésorier vinrent nous rejoindre à l'hôtel pour continuer la balade.

« Cet avion était tellement rempli qu'il a fallu pousser pour fermer la porte. »

J'avais à peine six ans à l'époque, et c'est justement au cours de ce voyage que nous avons pris la photographie sur laquelle je me tiens à côté de mon père devant les grilles de la Maison-Blanche. Je me souviens aussi de la peur que nous avons ressentie avec ma mère lorsque mon père, sans mesurer le risque qu'il prenait, décida de visiter le bâtiment principal du FBI muni de faux papiers.

L'histoire de *Quijada* interpelle, parce qu'il a exercé comme trésorier de mon père à une époque où les contrôles bancaires, migratoires et douaniers aux États-Unis étaient quasi inexistants. C'est pour cette raison qu'il était aussi efficace dans l'envoi de dollars vers la Colombie et peut-être est-ce aussi pour cela que pendant des années mon père a perçu de l'argent à flots, jusqu'à être considéré comme l'un des hommes les plus riches du monde.

Le parcours de *Quijada* remonte au début des années soixante-dix, quand sa famille s'installa dans une maison du quartier La Paz, à Envigado, où résidaient déjà les Henao et les Escobar, les familles de ma mère et de mon père.

Quijada n'était alors qu'un enfant et il restait à l'écart d'une bande qu'on appelait *la pesada*, des jeunes qui commençaient à faire des bêtises, qui draguaient les plus belles filles, et dont on voyait qu'ils avaient soif d'argent. Parmi eux, mon père se distinguait.

« Les gars de *la pesada* en faisaient baver aux plus petits, à tel point qu'un jour Pablo et Gustavo Gaviria sont arrivés au quartier dans deux Porsche puissantes et luxueuses que nous avons dû laver.

C'est qu'en plus, c'était les deux seules bagnoles du quartier La Paz. Même chose quand ils revenaient d'une compétition avec leurs motos… on devait les nettoyer parce qu'elles étaient pleines de boue. »

De loin, *Quijada* a été le témoin de la façon dont mon père et son cousin Gustavo sont devenus délinquants. Il se souvient, parmi les multiples bêtises qu'ils ont pu faire, du vol des pierres tombales des cimetières alentour, du vol de douze Renault 4 neuves à l'usine de Sofasa à Envigado ; et du contrat de distribution d'annuaires téléphoniques, rompu parce qu'ils avaient été pris en train de frauder.

Quijada ne resta pas très longtemps au quartier. Sa mère, qui vivait à New York, avait obtenu un permis de résidence pour son fils et elle l'emmena avec elle au milieu de l'année 1976. Dans la capitale du monde, *Quijada* travailla comme serveur dans des restaurants, soudeur dans le bâtiment ou coursier, jusqu'à ce qu'il reçoive un appel de mon père, trois ans plus tard. Il lui offrait du travail à Miami et lui demandait de s'y rendre dès que possible.

Sans savoir de quoi il s'agissait, *Quijada* accepta la proposition et partit s'installer dans la capitale du soleil avec plusieurs employés de confiance de mon père. Il finit progressivement par gérer tout l'argent que produisait la cocaïne envoyée de Colombie.

« Au début, je me suis installé dans une maison vers Kendall et j'ai commencé à tenir les comptes ici et là, jusqu'à ce que j'aie appris comment fonctionnait l'opération. Ils m'ont ensuite mis en contact avec un entrepreneur colombien qui vivait à Miami et avec qui j'allais déposer des sacs de dollars dans différentes banques de la ville. C'était le *bajador* de l'argent, c'est-à-dire le propriétaire des comptes bancaires sur lesquels nous déposions ce que nous ramassions. Nous faisions tout ouvertement, parce qu'il n'y avait pas de contrôle. On se retrouvait presque toujours au coin de l'avenue Collins et de la 107e à Miami Beach, et de là, nous allions consigner l'argent de la semaine. À cette époque, un ou deux millions de dollars hebdomadaires. »

Mais à mesure que l'affaire grossissait, les responsabilités de *Quijada* devenaient de plus en plus complexes. Il commença à récolter l'argent des distributeurs de la coke à Kendall et Hialeah, mais il dut très vite élargir son rayon d'action et parcourir sept districts différents de Miami. *Quijada* faisait ses tournées dans sa Chevrolet Impala, essentiellement parce qu'elle avait un grand coffre qui pouvait contenir plusieurs sacs remplis de dollars. Plus tard, il ferait le même trajet dans une Cadillac aménagée équipée d'un bouton pour abaisser le siège arrière et gagner de la place.

« Les choses étaient claires depuis le début avec *El Patrón* : je me chargeais de ramasser l'argent et de l'envoyer en Colombie, mais je ne me mêlais pas de la distribution de la coke, c'est *Rafico* qui s'en occupait. Nous avions également convenu que je me chargeais d'embaucher et de payer les employés, et de garantir que la dope ne manque jamais. »

Les affaires marchaient tellement bien, au début des années quatre-vingt, que *Quijada* acheta douze maisons dans différents quartiers de Miami, trois autres à New York et deux à Los Angeles, qu'il fit toutes équiper de cachettes sous-terraines avec ascenseur. Il employa jusqu'à trente-cinq personnes, des Uruguayens, des Brésiliens, des Mexicains, des Colombiens, et quelques États-Uniens.

Pour se déplacer de ville en ville afin de récupérer l'argent, *Quijada* acheta près de cinquante voitures différentes pour éviter qu'elles ne soient reconnues. En outre, ils communiquaient par *beeper* et téléphones publics en langage codé.

« Nous faisions les dépôts dans neuf ou dix banques, parmi les plus grandes de Miami. D'abord dans le secteur de Collins Avenue, puis Downtown, en centre-ville. Les directeurs me connaissaient et me laissaient entrer avant l'ouverture au public. J'arrivais avec plusieurs grandes valises, parfois avec des boîtes en carton. Je descendais au coffre et je restais là, en compagnie d'un ou deux employés de la banque, jusqu'à cinq heures du soir, parce qu'il fallait compter les billets un à un. Nous faisions ça trois fois par semaine, parce que j'attendais d'avoir accumulé suffisamment d'argent pour ne pas avoir à y aller tous les jours. Et encore, je comptais les billets avant d'arriver à la banque, parce que j'avais des machines à compter les billets que les employés de la banque eux-mêmes m'aidaient à acheter "sous le manteau", car c'était interdit par la loi. »

Pourtant, la stratégie efficace de mon père et de son cousin Gustavo Gaviria pour blanchir des dizaines de millions de dollars allait prendre un tour inattendu, en 1983, quand ils commencèrent à être reconnus comme des narcotrafiquants et que les États-Unis mirent en place un contrôle strict du système bancaire.

« Pablo et Gustavo m'ont appelé un jour et m'ont dit que la situation s'était compliquée parce que l'accès aux banques était fermé et qu'il fallait donc inventer une nouvelle façon d'envoyer les dollars. Je leur ai demandé s'ils connaissaient quelqu'un à l'aéroport Olaya Herrera de Medellín et ils m'ont répondu que oui. Alors je leur ai expliqué que j'avais quelques connexions à l'aéroport de Miami et nous avons convenu d'essayer l'envoi d'argent par des courriers humains. »

C'est ce qu'ils firent, et l'idée fonctionna immédiatement. *Quijada* recrutait des hommes et des femmes qui transportaient vers Medellín entre un million et un million et demi de dollars en grosses coupures chaque semaine, cachés dans des bagages de cabine.

« Quand les courriers partaient pour la Colombie, je donnais quelques signes distinctifs pour identifier les porteurs d'argent, par exemple celui avec la chemise rouge et les baskets, ou celui à la casquette de baseball. C'était *Tibú*, un des hommes de confiance du *Patrón*, qui s'occupait de réceptionner l'argent à Medellín. »

L'efficacité des courriers humains fut telle que mon père et *Quijada* décidèrent d'envoyer de l'argent un jour sur deux. Mais très vite les personnes prêtes à prendre le risque vinrent à manquer, ainsi que les signes d'identification des messagers.

« Je ne savais plus quoi faire. Ils me disaient : "Celui-là, on l'a déjà eu", "Ces vêtements sont très usés". Alors les courriers ont commencé à voyager avec des moteurs de bateau, des skis, ou d'autres éléments très reconnaissables pour pouvoir les retrouver facilement dans l'aéroport. »

Malgré le flux continu de courriers humains entre les aéroports de Miami et Medellín, une bonne partie de l'argent récupéré par *Quijada* restait dissimulé dans des caches, ce qui présentait un gros risque. Mon père et Gustavo Gaviria trouvèrent alors une façon de résoudre le problème : l'électro-ménager. Ce fut une opération gigantesque, car *Quijada* achetait machines à laver, congélateurs, réfrigérateurs et autres fours à micro-ondes et les envoyait remplis de dollars à travers une entreprise d'exportation domiciliée à Tampa, en Floride.

Les appareils arrivaient illégalement chez un parent de *Quijada*, à Medellín, après avoir soudoyé des fonctionnaires des douanes pour qu'ils les laissent passer sans problème.

Les affaires de mon père se développaient de façon exponentielle, mais vers le milieu des années quatre-vingt, l'apparition du *crack* allait faire de lui un homme encore plus riche. C'est arrivé quand les trafiquants américains qui achetaient la coke envoyée par mon père de Colombie se mirent à transformer la poudre en petits cailloux, de la cocaïne sous forme solide qui pouvait se fumer. Le *crack* était né.

Cette nouvelle forme a massifié la consommation dans les rues. Selon un rapport de la Fondation pour un monde sans drogue, « en 1985, l'épidémie de *crack* a fait dramatiquement augmenter le nombre d'Américains accros à la cocaïne ».

« Au début, on obtenait le *crack* en mélangeant de la cocaïne et du Coca-Cola ; on mettait ensuite cette pâte au micro-ondes pendant quelques minutes, puis on la fumait. Cette invention a multiplié la consommation, et, bien sûr, la demande. Le succès du *crack* fut tel que j'ai dû trouver plus de maisons pour cacher l'argent. C'était de la folie. J'ai eu jusqu'à 25 millions de dollars entreposés dans une seule maison le temps d'un week-end. J'appelais *El Patrón* et je lui disais : qu'est-ce que je fais ? »

Quijada se souvient que de nombreux employés furent arrêtés par la police avec l'argent récolté, même si ce n'était pas fréquent.

« Ils étaient arrêtés presque toujours avec cinq, six, sept où huit millions de dollars. Alors j'appelais Medellín pour en informer *El Patrón* ou Gustavo, puis je leur envoyais une copie de l'inculpation (dossier de mise en examen). Évidemment, il n'était pas rare que les agents gardent l'argent sans le déclarer. »

L'intensité de la guerre en Colombie se ressentit inévitablement dans les activités de *Quijada* aux États-Unis, et par conséquent sur les finances de mon père. À la fin de l'année 1989, après l'assassinat du candidat aux élections présidentielles Luis Carlos Galán, et quand la traque de mon père devint implacable, la communication entre eux fut coupée abruptement, et le courrier devint le seul moyen de gérer des affaires qui partaient en vrille.

« Je me suis retrouvé quasi isolé et la marchandise n'allait plus jamais arriver comme avant. C'est la raison pour laquelle je n'ai plus envoyé d'argent. Parfois, *El Patrón* m'envoyait une lettre pour me dire qu'il avait réussi à envoyer 200 petits kilos, mais c'était bien peu en termes d'affaires. En plus, mes contacts en Colombie ont pour ainsi dire disparu et je me suis retrouvé à ne plus rien faire à Miami. »

Cette nouvelle situation, couplée à la rumeur selon laquelle les ennemis de mon père le cherchaient pour l'éliminer, obligea *Quijada* à quitter les États-Unis pour trouver refuge au Panamá, où il resta plusieurs années avant de revenir en Colombie, malade et sans le sou. Il observa la fin de mon père de loin.

Avant de mettre fin à la conversation avec *Quijada*, je lui demandai de me parler de la villa que mon père avait achetée à Miami, un sujet qui a défrayé la chronique pendant des années, et en particulier à partir de 2014, quand un entrepreneur américain la racheta pour dix millions de dollars et la fit démolir en prétendant qu'il y avait trouvé non pas un mais deux coffres-forts.

Je me souviens de cette villa que mon père avait achetée en 1981, à North Bay, Miami Beach, pour 700 000 dollars. Il s'agissait d'une énorme construction de deux étages, peinte en beige. C'était l'une des seules de cette zone de la ville à disposer d'un embarcadère privé avec une entrée imposante, cinq chambres et une piscine face à la baie. La maison avait été vendue meublée par un couple d'homosexuels.

« Bien sûr que je suis allé dans cette maison, très souvent, presque tous les jours. J'y allais avec Fernando et Carolina, un couple d'amis. J'ai aussi assisté à plusieurs fêtes là-bas. »

En réalité, lorsque mon père acheta la villa, il fit mettre dans le garage un énorme coffre-fort qui fut volé quelque temps après au cours d'un braquage, réalisé semble-t-il par des exilés cubains fraîchement arrivés à Miami. Le coffre ne contenait que 30 000 dollars appartenant à mon père.

« On a toujours dit que les voleurs étaient des *marielitos*, parmi plus de 120 000 Cubains partis en exode du port de Mariel », se souvient *Quijada*.

Même si j'étais très petit à l'époque, ma mère m'a raconté que nous étions allés au moins dix fois en vacances avec mon père dans cette maison, pendant des périodes de vingt jours au plus. Les familles Henao et Escobar y allaient fréquemment, et l'une de mes tantes s'est même mariée là-bas.

Mais l'entêtement qui caractérisait mon père le poussa à commettre l'erreur de ne pas vendre la villa quand Gustavo Gaviria – qui avait acquis quelque temps auparavant un appartement d'un million de dollars – suggéra de se défaire de leurs biens immobiliers aux États-Unis car il sentait que les autorités étaient à leurs trousses.

Gustavo récupéra son argent, mais mon père, confiant, pensait qu'il ne pouvait rien lui arriver. Un de ses contacts aux États-Unis l'avertit aussi du risque de perdre ses propriétés, mais mon père lui répondit qu'il trouverait une solution et qu'il avait déclaré l'argent avec lequel il les avait achetées – plus de trois millions de dollars – à l'aéroport de Miami avant de les déposer en banque.

Grave erreur, car en 1985 la justice des États-Unis allait saisir la villa ainsi qu'un complexe résidentiel de deux cents logements que mon père avait acheté au nord de Miami.

Je pris congé de *Quijada* avec une sensation étrange. Comment comprendre que cet homme, qui a été fidèle à mon père aussi longtemps que les circonstances le lui ont permis, ait pu perdre tout l'argent qu'il avait gagné pendant ses années passées aux États-Unis ? Comment est-il possible qu'après avoir géré la fortune d'un narcotrafiquant aussi puissant et multimillionnaire que mon père, *Quijada* se retrouve dans une situation économique aussi difficile que celle que j'ai pu constater lors de notre entretien ?

Le plus étonnant est que *Quijada* ne se plaint pas du tout de la précarité dans laquelle il vit aujourd'hui. Il n'a pas de maison à lui alors qu'il a eu de somptueuses villas ; il se déplace en bus, ou bien souvent à pied car il n'a pas de quoi acheter un ticket, alors qu'à sa meilleure époque il roulait toujours en Cadillac dernier modèle à intérieur de cuir rouge.

Quijada est un homme dont je me souviens pour sa courtoisie. Il nous recevait comme des rois quand nous voyagions aux États-Unis, à tel point qu'il pouvait par exemple offrir 200 dollars d'avance au serveur dans un restaurant, en lui disant : « Prenez bien soin d'eux, car ce n'est pas encore le pourboire. »

En fin de compte, Quijada a appris à vivre de rien, alors qu'il avait tout eu. J'ai moi aussi appris à remercier les ennemis de mon père de nous avoir dépouillés de force de tout ce que nous avions hérité de lui. Parce que je serais sans doute mort dans un effort vain et désespéré pour cacher autant d'argent.

Je me souviens avoir répondu aux chefs du cartel de Cali, qui étaient à deux doigts de me tuer, en 1994, quand ils m'intimaient de ne pas suivre l'exemple de mon père si je voulais rester en vie : « Ne vous inquiétez pas, je ne vais pas me mettre au trafic de drogue, parce que je considère ça comme une malédiction. »

Aujourd'hui, plus que jamais, je suis convaincu que les biens, lorsqu'ils sont mal acquis, ne durent pas et qu'il y a du vrai quand on dit que l'argent de la drogue est maudit. Je ne connais aucun narco retraité ou qui vive en paix. Je ne vois que des morts, ou des trafiquants en prison. Mon père a amassé une fortune qui finalement aura financé sa propre mort, tout en sauvant les vies de ceux qu'il aimait le plus. Nous avons été propriétaires de beaucoup de choses, mais en réalité nous ne possédions rien. Plus nous avions d'argent, plus nous perdions de liberté. Les coups durs que nous a réservés la vie nous ont poussés, *Quijada*, moi-même et je l'espère beaucoup d'autres, à nous poser la question : À quoi bon avoir une grande villa si personne ne nous y attend ?

CHAPITRE 10
Finevery

Il fallut que j'aille, littéralement, le chercher sous une pierre. Il savait qu'il était le dépositaire d'une infinité d'histoires vécues aux côtés de mon père, mais il avait appris de lui que se cacher et garder la bouche fermée aidait à vivre un peu plus longtemps. Je l'ai cherché pendant des mois, avant de le retrouver à la barre d'une petite embarcation sur laquelle il tentait de pêcher le barracuda dans la rivière La Miel, non loin de Sonsón, à Antioquia. Une fois découvert, *Finevery* n'avait plus d'arguments pour refuser de parler avec moi, vingt-cinq ans après. Il n'avait pas changé. Il faisait toujours dans le *lunfardo*, l'argot des délinquants, qu'il dominait avec une habilité impressionnante. C'est lui qui avait inventé ce surnom, un jour où on lui demandait comment il allait et qu'il avait répondu *Finevery*, c'est-à-dire « très bien », mais avec les deux mots en anglais prononcés dans le mauvais ordre. Il a toujours eu des milliers d'expressions, et l'entendre dire « nécar » pour parler de viande, ou « whiskyroñi », a toujours bien fait rire ceux qui le fréquentaient.

Comme beaucoup de ceux qui ont joué un rôle dans les grands événements qui ont entouré mon père, *Finevery* venait du quartier La Paz, de Envigado, où il s'était installé avec sa famille, alors que les Escobar et les Henao y étaient déjà implantés et que mon père avait entamé sa carrière criminelle.

« Je me rappelle avoir rencontré Pablo quand il était déjà fiancé à ta mère, mais j'avais peur de m'adresser à lui. Je me retrouvais près de lui, parfois, mais ça ne dépassait pas le stade du bonjour. On faisait des balades ensemble, de temps à autre, parce que j'étais le petit ami d'une copine de ta mère. À l'époque, déjà, on sentait que Pablo avait beaucoup d'argent, parce que les gars qui travaillaient pour lui avaient les meilleures voitures et les meilleures motos. »

Jusqu'au jour où *Finevery* se retrouva seul avec mon père dans le parc du quartier et il osa le saluer et lui dire qu'il voulait travailler avec lui. Mon père lui répondit d'attendre un appel. Une semaine après, il était convoqué dans un bureau près de l'église du quartier d'El Poblado, qui correspond aujourd'hui au secteur Castropol.

« C'était une grande propriété. J'ai patienté pendant une heure, puis on m'a fait entrer dans le bureau de Pablo. C'était un homme de peu de mots. Il m'a demandé simplement si j'avais une moto, ce à quoi j'ai répondu que non d'un geste. Il a alors sorti 108 000 pesos d'un tiroir et m'a dit d'acheter une Calimatic 175 pour commencer à travailler comme messager. Puis il m'a dit : "Soyez tranquille, s'il vous arrive quoi que ce soit, on vous sort de là, et si vous êtes pris, vous dites que vous ne savez rien." »

Mi-content, mi-déconcerté, *Finevery* repartit du bureau de mon père avec du travail : il était le nouveau messager de Pablo Escobar et de son associé, Gustavo Gaviria. Sans le savoir, sa vie allait prendre un tour nouveau.

Une fois intégré comme employé de l'organisation, *Finevery* découvrit un manège géant de personnes et d'argent. Il travaillait avec les compteurs *Suzuki*, *Horacio* et *Tonelada*, et l'auditrice Julia, chargés des mouvements financiers du bureau, où il devait arriver à sept heures du matin et repartir vers neuf heures du soir.

D'entrée, *Finevery* fut interpellé par l'attention que Gustavo Gaviria portait aux comptes, ainsi que par son excès de zèle quand il s'agissait de faire la différence entre ses frais et ceux de mon père. Il ne lui fallut pas longtemps pour comprendre qu'il était très « près de ses sous », et il l'entendait de temps en temps pester contre le train de vie et les dépenses effrénées de mon père.

« J'ai remarqué que Gustavo était un inconditionnel des diamants, qu'il achetait en quantité. Je l'ai entendu dire que s'il devait fuir il n'emporterait que des diamants et qu'il ne comptait pas s'encombrer de tableaux ou de choses de ce genre. »

Au cours des premières années au service de mon père, le quotidien de *Finevery* était fait de visites chez les agents de change pour encaisser des chèques contre de l'argent comptant et des retraits de grandes sommes d'argent de la succursale de la banque d'État du parc de Berrío, à Medellín.

« Ça paraît peu, aujourd'hui, mais j'allais deux ou trois fois par semaine à la banque retirer jusqu'à dix millions de pesos dans des boîtes en carton. C'est qu'il brassait trop de billets. »

À mesure que le trafic prenait de l'ampleur, des individus en tout genre passaient par le bureau de mon père, à El Poblado, presque tous des délinquants. Comme je l'ai déjà expliqué, mon père disait toujours que seules les affaires illégales l'intéressaient, pas les légales.

« C'était impressionnant. Il y en avait pour tous les goûts : des gros bras, des cuisiniers qui transformaient la pâte de coca, ceux qui étaient chargés de recevoir la marchandise préparée et empaquetée pour l'envoyer à l'étranger… bref, l'organigramme du bureau était large. Pablo et Gustavo avaient monté une place forte du crime. »

À cette époque, au début des années quatre-vingt, il y avait quatre jeunes qui passaient régulièrement au bureau pour proposer des billets de loterie pour gagner des téléviseurs, des montres, des voyages, et même des diamants. Mon père achetait les carnets entiers de billets, c'est pourquoi il gagnait presque toujours, puis il offrait le gain à la première personne qu'il croisait. Il y avait aussi un restaurant où l'on pouvait manger gratuitement. Il avait une capacité de deux cents couverts, mais mon père et Gustavo ont dû le fermer parce qu'il se remplissait d'inconnus et d'indigents.

« Beaucoup de monde s'incrustait pour manger gratis, ce qui pouvait poser problème. C'est pour cela qu'ils l'ont fermé. »

Finevery allait être le témoin d'un épisode qui montre jusqu'où pouvait aller mon père quand on le trahissait. C'était à la suite de la disparition de près de 200 millions de pesos qui étaient dissimulés dans une cachette au bureau. Calme, comme presque toujours, mon père ordonna de chercher qui était passé par là la nuit précédente, et les soupçons se portèrent très vite sur un surveillant, ancien militaire et vieil ami de mon père.

« Pablo le considérait comme un proche, à tel point qu'il l'avait fait évader quelques années plus tôt par hélicoptère de l'île de Gorgona, où il purgeait une peine de plus de vingt ans de prison pour homicide. Des hommes envoyés par Pablo avaient trouvé l'argent au domicile du militaire, mais ce qui s'est passé ensuite allait me marquer à vie. Pablo a dit à tous les employés du bureau de sortir autour de la piscine, puis il a donné l'ordre de le ligoter et de le jeter à l'eau. Le pauvre homme s'est noyé en quelques secondes et ton père, d'un ton solennel, a dit à haute voix qu'il tuerait quiconque lui volerait le moindre peso. »

Avec le temps, *Finevery* avait gagné la confiance de mon père, qui l'invita un jour à l'hacienda de Nápoles et lui dit qu'il pouvait revenir quand il le souhaitait.

« Uff, c'était trop bon, un hôtel cinq étoiles. On allait à Nápoles pour faire la fête avec des amis et des filles. Dans l'hacienda, on faisait des matchs de foot presque tous les soirs, qui ne se finissaient que lorsque l'équipe de Pablo gagnait. Pablo jouait attaquant et ses coéquipiers ne faisaient des passes qu'à lui. Mais le pire, c'est que parfois il prenait le meilleur joueur de l'équipe adverse et le faisait jouer dans son équipe. Tout était bon pour gagner. Nous allions ensuite boire des bières et de l'alcool plus fort à la taverne el Tablazo. »

Mon père avait aussi demandé à *Finevery* de superviser la production de cocaïne des nombreux laboratoires qu'il avait installés dans les communes du département d'Antioquia.

« Il fallait vérifier que la production correspondait à la quantité de pâte de coca qu'on fournissait aux cuisiniers. Ceux-ci prétendaient bien souvent que la base était de mauvaise qualité et, par exemple, s'ils avaient reçu cent "machins" (paquets d'un kilo de pâtes), ils disaient qu'ils n'avaient pu en tirer que cinquante de cocaïne. C'était un travail pour des gens en qui *El Patrón* avait toute confiance, et j'étais de ceux-là. »

Quelque temps après, à force de passer du temps dans les cuisines, *Finevery* demanda à mon père la permission de produire quelques kilos de coke, puisqu'il savait comment faire, maintenant. Mon père accepta, mais il lui rappela que la seule condition était qu'il le fasse dans sa propre cuisine. *Finevery* répondit qu'il y avait déjà réfléchi et qu'il avait aménagé la cour de chez lui.

« Il m'a dit qu'on était d'accord et il a ordonné à un de ses hommes de me donner dix "machins" (kilos). Ça ressemblait à de la pâte à modeler qu'il fallait oxyder avec du permanganate de sodium jusqu'à ce que cela devienne du chlorhydrate de cocaïne. Chaque paquet de base pesait 1 000 grammes, mais à la fin du processus chimique, vingt pour cent était perdu, c'est-à-dire qu'il restait 800 grammes de cocaïne. »

Finevery prétend que le business de mon père était tellement grand et productif qu'il ne savait même plus où se trouvaient toutes les cuisines. Il se contentait de remettre une certaine quantité de pâte au cuisinier qui devait revenir avec les kilos transformés. Il avait différents fournisseurs, mais il faisait particulièrement confiance à Evaristo Porras, qui vivait à Leticia, dans le département d'Amazonas, et importait la pâte du Pérou.

Pendant qu'il continuait ses activités de messager, *Finevery* reçut une autre mission : « cacheur ». Du fait de la confiance que mon père avait en lui, il fut mandaté pour trouver des appartements ou des propriétés où stocker la coke. Il eut ainsi jusqu'à quatre endroits pour y conserver différentes quantités simultanément. Rien que dans un de ces lieux, par exemple, il cacha jusqu'à 2 500 kilos en attendant que mon père organise une route pour les exporter.

Finevery fut le témoin des changements apparus progressivement dans les affaires de mon père. Et parmi ces changements, le principal fut l'arrivée massive de personnes qui produisaient de la coke de leur côté mais qui ne disposaient pas de route pour la commercialiser.

« La file de voitures devant le bureau était infinie. Des personnes venaient pour parler avec Pablo et lui remettre cinq, dix, quinze kilos ; ils appelaient ça “s’inscrire”. Ils savaient tous que Pablo contrôlait les routes et qu’il prenait une commission pour chaque kilo envoyé. Les routes étaient si efficaces que Pablo s’offrit le luxe d’assurer les chargements qu’on lui confiait. L’assurance coûtait 2 000 dollars le kilo, mais le propriétaire de la coke était sûr de recevoir l’argent, même si le chargement se perdait. Aucun autre narco ne faisait cela. Je me souviens que des gens venaient de toutes les communes d’Antioquia et d’autres villes, mais essentiellement de Pereira. Personne ne venait de Cali, jamais, pour des raisons évidentes. »

D’après ce que savait *Finevery*, mon père pouvait assurer la cocaïne parce qu’il contrôlait toute la chaîne : la production, le transport, la distribution, l’encaissement aux États-Unis et l’entrée de l’argent illégal au pays.

« Pour chaque chargement, Pablo avait jusqu’à trois pistes d’atterrissage disponibles, une principale et deux autres, selon la situation du moment, pour le départ des avions. Et ce n’est pas tout : Pablo a eu jusqu’à dix ou douze routes qui fonctionnaient simultanément. Si une route tombait, d’autres apparaissaient. C’était une machine à exporter la coke, et bien sûr, à faire des dollars. »

Mais tout ne fonctionnait pas comme une horloge, se souvient *Finevery*. Pour suivre la comptabilité des centaines de kilos de coke qui arrivaient chaque jour, mon père avait des employés qui notaient dans des carnets les coordonnées des propriétaires. Mais beaucoup devaient encore lui payer le transport, même après avoir perçu la valeur de la drogue qu'ils avaient vendue.

« Pablo devenait féroce et nous envoyait chercher les mauvais payeurs. Il nous fallait jouer le rôle de *chepitos*[25]. Heureusement que nous recevions l'aide d'un fonctionnaire des Entreprises publiques de Medellín :

Nous lui passions les numéros de téléphone de ces personnes et il nous disait où elles habitaient. Nous y allions, et là, bien sûr, ils payaient. »

Comme c'est le cas pour toutes les affaires, le secteur de la cocaïne était aussi la cible de délinquants, à qui il importait peu que mon père soit le propriétaire.

« En ce qui me concerne, j'y ai eu droit trois ou quatre fois, pendant que je fabriquais la cocaïne. Mais je me rappelle d'une fois en particulier, vers Santa Helena, où sont arrivés huit types masqués et armés de mitrailleuses qui nous ont dit de leur remettre dix millions en liquide, ou ils emportaient

25. Percepteurs.

la came. Comme nous n'avions pas d'argent sur place, ils nous ont donné un peu de temps pour trouver la somme. Je suis alors allé voir Pablo qui m'a dit de traiter avec ces gars et d'arriver à un accord. Mais par contre, il m'a dit aussi de bien observer leurs cicatrices, leurs coiffures, leurs montres et les chaînes qu'ils portaient, parce que ces détails lui permettraient de les localiser et de récupérer ce qu'ils nous avaient volé. Je suis revenu en moto avec l'argent dans une boîte et les types sont partis. »

Finevery se souvient qu'après la mort du ministre de la Justice, Rodrigo Lara, il était plus compliqué de voir mon père, mais malgré tout, les bureaux continuaient de fonctionner, même s'il fallait constamment les déménager en raison de la persécution des autorités.

La traque de l'État a aussi obligé à modifier la façon de fabriquer la cocaïne, parce que les laboratoires étaient facilement localisables, et qu'il était difficile de trouver des travailleurs qui ne craignaient pas d'être arrêtés. Les caves sont alors apparues, de grands espaces à Medellín qui sont devenus des cuisines ambulantes où l'on pouvait produire de 100 à 200 kilos par jour.

« Jaime, un cuisinier de Pablo, a eu l'idée de monter des labos en ville. Il prenait ça très au sérieux et passait de cave en cave pour faire ce que l'on appelle "queuter", c'est-à-dire tirer davantage de produit de la pâte de coca. Il fallait, en revanche, vaporiser chaque jour des aérosols pour masquer l'odeur des produits chimiques. Ce qui est incroyable, c'est que pas une seule cave n'a été découverte pendant cette traque. »

Finevery me fit comprendre qu'il avait encore beaucoup d'histoires à raconter, mais qu'il préférerait le faire le lendemain parce qu'il commençait à faire nuit et qu'il avait peur de naviguer dans l'obscurité sur la rivière La Miel. On se donna rendez-vous non loin de là, mais de toute évidence ça ne l'intéressait plus, puisqu'il n'est jamais venu.

CHAPITRE 11
Anecdotes

Beaucoup de ceux qui ont entouré mon père dans les différentes étapes de sa carrière criminelle ont aussi été les témoins de nombreux épisodes jamais dévoilés et qui, avec le temps, ont fini par se perdre dans l'oubli. Au cours des multiples entretiens que j'ai réalisés pour écrire ce livre, j'ai appris quelques-uns de ces faits, certains très graves, d'autres pas tant que ça, qui valent certainement la peine d'être racontés.

LA LIBÉRATION D'*OREJAS*

C'est une histoire incroyable. Celui qui me l'a racontée travaillait pour mon père alors qu'il commençait à devenir très riche grâce au trafic de drogue.

D'après son récit, des agents du Département administratif de Sécurité, DAS, avaient capturé *Orejas* à Medellín. Il était chargé de « blanchir » au

Panamá une bonne partie de l'argent que produisait la cocaïne à Miami. *Orejas* était tellement important dans l'engrenage de l'organisation que les États-Unis sollicitèrent immédiatement son extradition.

Sa détention marquait un coup dur pour le cartel de Medellín, parce qu'*Orejas* avait les contacts pour ouvrir des comptes courants dans les banques de Panamá, où il déposait les liquidités que le trésorier de mon père consignait à Miami, puis il les transférait via des canaux « normaux » vers des banques de Medellín, où des hommes comme *Finevery* les retiraient à travers des opérations aussi simples qu'un encaissement de chèque.

Par son importance, le gouvernement de Belisario Betancur autorisa immédiatement l'extradition d'*Orejas*. À travers un contact au sein du DAS, mon père avait appris qu'*Orejas* allait être envoyé aux États-Unis le lendemain à 5 heures du matin, et il décida donc de le faire libérer. Il demanda à *Kojack*, un des hommes les plus intrépides du groupe de tueurs à gages qui l'entourait, de s'en charger. Mais l'opération était très risquée parce qu'*Orejas* était détenu au siège du DAS, une vieille maison dans le quartier d'Ayacucho, où travaillaient pas moins de vingt fonctionnaires qui se relayaient toutes les douze heures. Il donna alors 62 millions de pesos à *Kojack* pour soudoyer qui il faudrait afin de le libérer.

Après examen de l'endroit où était détenu *Orejas*, *Kojack* considéra que l'opération devrait se faire à minuit, une fois que le changement d'équipe aurait eu lieu.

« Comme ça pouvait partir en fusillade, on avait décidé de la tenter par la corruption. Mais pas n'importe comment ; comme on dit par ici, "en grand". Nous étions quatre, dont un, *Tibú*, portait la boîte en carton avec l'argent liquide. Donc, à notre arrivée au siège du DAS, j'ai parlé cru, pour qu'ils comprennent que la mafia était arrivée. Alors bien sûr, les fonctionnaires ont pris peur quand ils ont entendu : "On va voir combien y a de PD ici, commencez pas les conneries, y a beaucoup d'argent." Ils sont tous restés silencieux et nous avons commencé à distribuer l'argent. On a donné un million à chacun des six dactylo-copistes ; cinq cent mille au responsable des clés des cellules ; huit cent mille à deux mécano-graphistes ; un million et demi à la réceptionniste pour qu'elle ne réponde pas au téléphone ; deux cent mille à l'hôtesse d'accueil, qui en était très contente ; et ainsi de suite avec chacun, jusqu'à ce qu'on arrive au chef du bureau, un inspecteur du DAS, à qui j'ai donné huit millions. On a failli ne pas trouver *Orejas*, parce qu'il s'était caché, blotti sous un bureau. Il pensait qu'on allait le tuer parce qu'il avait déjà reçu des menaces de mort. On est ressortis à 00 h 20. On a fait le coup en vingt minutes, mais avant de prendre la fuite, on a dit à ceux qui avaient des armes de tirer en l'air quand on serait partis, et qu'on ferait pareil pour faire croire que c'était une libération par la force. »

Des lingots d'or pour Pablo

Au cours de mes recherches pour ce livre, j'ai été surpris d'apprendre qu'à un certain moment de leur parcours de trafiquants de drogue, mon père et Gustavo Gaviria avaient investi une petite partie de leur fortune dans des lingots d'or.

Et je ne doute pas qu'il en fut ainsi, connaissant la personne qui me l'a raconté. Il s'agit de « Jaime », un économiste qui fut brièvement ami avec mon père à Miami jusqu'à ce que celui-ci ne soit plus autorisé à entrer aux États-Unis, c'est-à-dire à la fin de l'année 1983, quand il dut renoncer à son investiture en tant que député à la Chambre des représentants et que l'ambassade des États-Unis annula son visa de touriste.

Comme nous le savons, l'habileté de mon père pour créer un empire économique autour de la cocaïne avait fait de lui un multimillionnaire en quelques années. Mais plus il gagnait, plus il dépensait. C'est pour cela qu'il a toujours préféré l'argent liquide, à dépenser sans compter, au lieu de le conserver dans des cachettes, comme le faisaient plusieurs de ses associés du cartel de Medellín.

Mon père nous gâtait, et ma mère profitait du fait que beaucoup voulaient s'attirer sa sympathie et l'embauchaient comme décoratrice d'intérieur. C'est comme cela, et avec les commissions sur les ventes d'œuvres, qu'elle s'est créé l'une des plus belles collections d'art d'Amérique latine. Malheureusement, beaucoup de ces œuvres furent détruites pendant la guerre et d'autres emportées par les *Pepes* à la mort de mon père.

« Jaime » me révéla que mon père et Gustavo l'appelaient à Miami pour qu'il achète des lingots d'or dans le Queens, à New York, chez un négociant reconnu. L'achat était légal, mais quand l'or arrivait à Miami et qu'il fallait l'envoyer à Medellín, il était nécessaire de le faire « sous la table », c'est-à-dire en violant la loi.

« Tous les mois, ou tous les mois et demi, Pablo et Gustavo me demandaient les lingots et cela me prenait plusieurs semaines à leur envoyer, le temps que le vendeur les fasse venir de New York. Je me souviens que je leur en envoyais entre 20 et 40, et chacun pesait un kilo. J'envoyais quelques fois des diamants à Gustavo, mais ça n'intéressait pas Pablo. »

Nous n'avons jamais vu mon père s'intéresser aux lingots d'or pendant nos voyages avec lui. Il a cédé une seule fois sous la pression de ses amis et il a acheté des diamants. C'était dans la bijouterie Majors de Miami, où nous sommes arrivés un jour avec mon père et Gustavo Gaviria. Nous étions si nombreux que le gérant avait fermé la boutique pour faciliter la vente. Mon père a acheté un diamant à 300 000 dollars, mais lorsque nous sommes revenus à Medellín, comme il n'aimait pas le porter, il l'a rangé dans un tiroir.

Qu'est-il advenu des lingots ? Aucune idée. J'ai posé la question à ma mère et elle m'a dit qu'elle ignorait elle aussi que mon père en eût jamais acheté.

Michael Jackson à l'hacienda de Nápoles ?

Mon père et moi avons été fans absolus du roi de la pop, Michael Jackson. Il faisait toujours apporter ses derniers clips vidéo et nous les regardions ensemble. Nous aimions sa musique, que nous chantions en chœur. C'était du temps où nous logions dans l'immeuble Ovni. L'opulence était totale. Nous vivions dans le premier bâtiment de la ville doté d'un ascenseur panoramique et d'une piscine sur le toit, une nouveauté pour cette époque où Michael Jackson surprenait le monde entier avec *Thriller*, son film musical de quatorze minutes, une révolution. C'était en décembre 1983.

Mon engouement pour Jackson était tel que je demandai à ma mère de faire du roi de la pop le thème de l'une de mes fêtes d'anniversaire. Et ce fut le cas. Les murs furent couverts d'immenses posters et une statuette de Michael Jackson ornait même le gâteau.

Je me souviens qu'une fois, lors d'une fête à la propriété de Nápoles, ce devait être vers 1987, mon père avait engagé un groupe de musique folklorique colombienne. Ils jouaient et chantaient très bien, et je suis certain qu'ils n'étaient pas donnés. Mais je m'ennuyais, et à un moment, il me prit de soumettre une idée à mon père, qui se trouvait à côté de moi :

« Papa, pourquoi, au lieu d'avoir toujours les mêmes artistes, on ne ferait pas venir Michael Jackson ?

– Comment tu t'y prendrais, "Grégory" ?

– On a une piste d'atterrissage, il n'a qu'à venir avec son jet privé, on monte une scène sur le terrain de foot, il chante un moment, puis il s'en va.

– Et combien tu crois qu'il prendrait pour venir depuis les États-Unis jusqu'ici, à Nápoles ?

– Ben, je ne sais pas, papa, mais ce gars ne doit pas être bon marché. Entre deux et quatre millions de dollars. Va savoir.

– Eh bien, on va se renseigner, "Grégory", et on le fait venir pour décembre. Qu'il vienne, on va bien s'occuper de lui, et il pourra dormir dans la chambre de Gustavo.

– Comment ça dormir, papa ? »

Mon père marqua une pause après ma question, puis se tourna vers la vingtaine de gardes du corps qui nous entouraient. Puis il rit avec malice avant de répondre, je ne sais si c'était sérieusement ou pas :

« Je suis en train de penser au fait qu'il vienne, joue quelques heures et je lui paye son argent. Mais quand il aura fini, je l'invite à rester quelques jours. Je demande qu'on le traite bien et qu'il ne lui arrive rien. Et quand il voudra partir il faudra qu'il lâche 50 ou 60 millions de dollars, vrai ou pas, les gars ? »

L'idée d'engager Michael Jackson m'est restée dans un coin de la tête, malgré le commentaire de mon père, qui envisageait clairement de faire un mauvais coup. En fin de compte, plusieurs chanteurs, humoristes ou magiciens nationaux et internationaux que mes parents embauchaient selon l'occasion avaient défilé à Nápoles. Donc, faire venir le roi de la pop ne paraissait pas si farfelu. Mais l'idée tomba dans l'oubli lorsque éclata la guerre entre mon père et l'État, qu'il dut fuir, et nous, nous cacher pendant de longs mois.

Un magicien à Nápoles

Le parcours à travers la région du Magdalena Medio pour parler avec différentes personnes qui allaient m'aider à redécouvrir mon père me mena dans un recoin de l'autoroute Medellín-Bogotá, à la hauteur de la commune de San Luis. Il s'agit d'une zone montagneuse escarpée offrant de magnifiques paysages de cascades naturelles de part et d'autre de la voie.

Je me suis arrêté devant une sorte de cabane très en désordre, entourée d'une végétation abondante, au bord d'une rivière à fort débit. Il n'y avait personne. Vingt minutes après est apparu le magicien de mon père. Il était maintenant extrêmement maigre et portait une barbe de plusieurs mois, totalement blanche, comme sa longue chevelure.

Le magicien avait été un visiteur assidu de la villa de Nápoles parce que mon père l'adorait. Il avait enseigné les mathématiques au collège de San Luis, mais son envie de faire disparaître des pièces de monnaie, de faire sortir des lapins d'un chapeau et de cacher des joints d'herbe derrière les oreilles avait été plus forte.

Lorsque mon père était à la propriété et qu'il y avait un événement festif, et même quand il n'y en avait pas, d'ailleurs, l'une des premières personnes à qui il pensait pour le divertir était le magicien, qui apparaissait… comme par magie. Au bout de deux heures de représentation, il empochait 30 000 pesos et rentrait chez lui.

Le magicien se souvint du jour où ma grand-mère Hermilda l'a réprimandé au beau milieu d'une représentation et l'a fait renvoyer de Nápoles parce que dans l'un de ses tours il faisait entrer de force des animaux dans de petits récipients. Mais il s'arrangeait toujours pour revenir, malgré les remontrances.

Cependant, mon père fréquentait aussi le magicien pour une autre raison : celui-ci vivait à l'époque dans un lieu paradisiaque où mon père allait batifoler avec ses maîtresses, et aussi se planquer quand il était poursuivi par les autorités. C'était l'endroit idéal pour les deux choses parce que, en contre-bas de la maison du magicien, courait un joli ruisseau d'eau froide dont affleurait une pierre plate assez grande pour deux personnes. La végétation luxuriante empêchait la vue depuis la partie haute de la route. Idéal, donc, pour quelqu'un comme mon père, pour qui la clandestinité était un instrument de survie.

La visite au magicien prit fin au bout de quarante-cinq minutes, juste au moment où une petite camionnette transportant une douzaine d'étudiants passait par là. À l'instant où ils se trouvèrent face au magicien, tous se mirent à crier à la fenêtre : « Au revoir, magicieeeeeeen ! »

Pedro *Picapiedra*

Il y eut, à la fin des années quatre-vingt, à Medellín, un épisode scabreux qui illustre les seuils de violences et de dégradations atteints par la confrontation pour accéder au pouvoir dans le trafic de drogue.

D'après ce que m'ont raconté certains hommes de mon père, Pedro *Picapiedra* a été le mafieux le plus riche de Medellín. Lui et mon père se connaissaient et étaient même proches, mais chacun gérait ses affaires de son côté et ils ne s'associaient que très rarement pour envoyer de la cocaïne sur une route commune.

Picapiedra est devenu encore plus riche après la mort du ministre Rodrigo Lara Bonilla lorsque mon père, Carlos Lehder, Gonzalo Rodríguez Gacha, *El Mexicano*, ainsi que d'autres chefs, y compris du cartel de Cali, ont dû s'enfuir en débandade pour plusieurs mois.

Dans la pratique, *Picapiedra* était le seul à continuer à trafiquer parce que les autorités anti-drogue ne l'avaient pas dans leurs radars. À un moment, il était si puissant qu'il avait ouvert d'immenses bureaux à New York, d'où il gérait son empire de stupéfiants.

De retour au pays au début du second semestre de 1984, mon père alla trouver *Picapiedra* et lui proposa de partager un ou deux chargements, mais celui-ci noya le poisson et ne lui dit jamais oui. Mon père en fut très vexé et ils prirent leurs distances pendant un temps, jusqu'à ce que *Picapiedra* lui demande son aide dans un conflit qu'il avait avec un autre narcotrafiquant de la ville. Mon père prit 200 millions de pesos à *Picapiedra* pour le débarrasser de son ennemi.

Mais leur relation ne s'améliora pas pour autant. Au contraire, elle empira quand *Picapiedra* refusa de participer au financement de la guerre entreprise par mon père contre l'État colombien.

Mon père ordonna alors à ses meilleurs hommes de séquestrer *Picapiedra*, mais pendant l'opération dans le quartier d'El Poblado, le chauffeur des malfaiteurs cogna accidentellement la portière, ce qui déclencha le tir en rafale de son arme et, comble de malchance, une des balles tua *Picapiedra* sur le coup.

Ce qui arriva à partir de ce moment est atroce parce que les ravisseurs emportèrent le corps de *Picapiedra*, et, avec l'accord de mon père, demandèrent une rançon comme s'il était vivant. Cent millions de dollars que la famille de la victime était disposée à payer si *Picapiedra* revenait sain et sauf.

Pour essayer de tromper la famille, on maquilla le visage de *Picapiedra* pour pour le photographier et prouver qu'il était en vie, mais au moment où la famille allait payer la rançon, un paysan trouva le corps et en avertit les autorités, empêchant ainsi le paiement de cette somme incroyable.

Comme si l'affront à la famille de *Picapiedra* ne suffisait pas, les hommes de mon père séquestrèrent la benjamine du parrain et exigèrent quatre millions de dollars pour sa libération. Ce fut un enlèvement express parce que la petite ne s'aperçut pas qu'elle était entre les mains de délinquants, persuadée, comme on le lui avait dit, qu'elle était en visite chez de lointains parents.

Ces erreurs de mon père ne faisaient qu'augmenter le nombre de ceux qui lui en voulaient ; et nous, sa famille, qui ne savions rien de tout cela, allions finir par en payer les conséquences.

Les 100 millions du *Chopo*

En apprenant à travers des enregistrements de ses associés et amis Fernando Galeano et Francisco *Kiko* Moncada qu'ils s'étaient engagés auprès du cartel de Cali à ne plus verser d'argent pour la guerre, mon père décida de procéder à une *vendetta* au sein du cartel de Medellín et il ordonna à Mario Alberto Castaño, *El Chopo*, d'exterminer les têtes de ces deux familles.

Mise au courant des intentions de mon père, la famille Moncada fit savoir que, n'étant pas encline aux réponses militaires, elle n'envisageait pas d'entrer en confrontation avec mon père et préférait payer.

Ils envoyèrent un message à *El Chopo*, alors chef militaire de mon père, en lui proposant 100 millions de dollars.

El Chopo accepta et reçut l'argent, mais il n'en dit rien à mon père et garda cette fortune. Mon père ne sut jamais ce qu'il s'était passé, car il aurait sans doute récupéré cet argent.

Pour autant, le sort des Moncada et des Galeano en fut jeté lorsque *Tití*, un autre lieutenant de mon père, découvrit par hasard une cache contenant 20 millions de dollars. C'est là que mon père les condamna à mort et les convoqua à la prison de La Catedral, où ils furent finalement assassinés.

CHAPITRE 12
Mon père et les narco-séries

Le succès mondial des « narco-séries », qui racontent l'histoire de mon père et de beaucoup d'autres personnages du trafic de drogue international, est incontestable. Les grandes maisons de production de cinéma et de télévision ont compris depuis longtemps la fascination qu'exercent ces criminels, mais elles n'avaient pas prévu qu'il se créerait autour d'eux une nouvelle culture, dépourvue de valeurs.

Je ne m'oppose pas à la prolifération des productions sur mon père, mais j'exprime ma réprobation envers ceux qui, sous prétexte de mélanger fiction et réalité, sont parvenus à faire passer un message à la jeunesse selon lequel être un narco est très *cool*. Mais pas seulement. Ils font aussi croire que l'argent mal acquis est enveloppé d'un certain charme et poussent les ingénus à vouloir revivre l'histoire de mon père, en qui ils voient un homme tout-puissant qui ne perd jamais, qui ne souffre jamais, qui ne s'ennuie jamais. Ils ont réussi à refléter des expériences contraires à celles que j'ai vécues, parce que c'est un monde où l'on ne survit qu'à base de sang et de feu, en écrasant beaucoup de gens.

L'impact des productions en rapport avec mon père est tel que j'ai reçu des messages de jeunes de certains pays d'Afrique comme le Kenya et le Maroc, ou d'autres coins du monde, comme les Philippines, la Russie, la Turquie, l'Afghanistan, l'Iran ou la Palestine, mais aussi de pays d'Amérique latine, comme le Mexique, le Guatemala, le Pérou, l'Argentine, la Bolivie, l'Équateur, la Colombie ou le Venezuela, qui disent tous, en substance : « Je veux être un narco comme celui de la série », « Aide-moi à devenir trafiquant ».

Je leur ai bien évidemment conseillé à tous l'inverse, en leur disant que je ne vendais pas de billets d'entrée pour le monde de l'ombre. Cela m'a beaucoup inquiété parce qu'ils juraient tout savoir de mon père, sous prétexte qu'ils avaient regardé *Narcos*, *Pablo Escobar, le patron du mal*, *Le Cartel des crapauds*, *Sin tetas no hay paraíso*, *La Reine du Sud*, *Le Seigneur des Cieux* et la multitude de films avec de grandes stars comme Benicio del Toro dans la production sur mon père la plus absurde, intitulée *Escobar Paradise Lost*.

En dépit de mes efforts pour démontrer que la voie suivie par mon père est précisément contraire à celle que suivent les honnêtes gens, les narco-séries sont parvenues à présenter mon père comme une sorte de nouveau super-héros de l'histoire récente.

Le dangereux mélange de la fiction avec des images réelles de la violence d'il y a vingt ans et des extraits des journaux télévisés de l'époque ajoutent à ces produits télévisuels une prétendue dose de crédibilité qui finit par hypnotiser la jeunesse.

***

On m'avait dit que le nouveau géant de l'industrie du divertissement Netflix s'apprêtait à filmer la première saison d'une série biographique sur mon père, fondée sur des faits réels et une certaine dose de fiction. J'ai alors immédiatement demandé à un ami qui vit aux États-Unis d'entrer en contact avec les dirigeants de cette compagnie pour leur proposer notre collaboration afin de raconter la version la plus juste possible et de dire clairement à la société que si cette histoire était digne d'être racontée, elle n'était certainement pas à imiter.

Nous avons rencontré des représentants de Netflix aux États-Unis, et nous leur avons proposé un accès illimité aux archives familiales très denses qui retracent précisément la vie de mon père. Leur réponse fut tranchante : « Nous ne sommes pas intéressés, nous connaissons déjà l'histoire, nous l'avons achetée à Javier Peña, agent de la DEA à l'époque d'Escobar, et il ne souhaite pas travailler avec la famille. » Autrement dit, Netflix semblait en savoir bien plus sur Pablo Escobar que sa veuve et ses enfants et préférait retenir la version d'un homme qui a traqué mon père sans jamais le rencontrer. Cet épisode a suscité ma méfiance quant au contenu de la série.

J'ai regardé toute la deuxième saison de *Narcos* en septembre 2016, car je voulais savoir ce qu'ils allaient bien pouvoir raconter de nouveau sur nous. Mais après l'avoir visionnée attentivement, j'ai identifié une série de contradictions et d'erreurs. J'ai ressenti alors le besoin d'écrire et de publier un *post* sur ma page Facebook intitulé "Narcos 2 et ses 28 chimères". Jusqu'alors, ma page n'affichait que trente mille 'J'aime' et mes textes ne dépassaient jamais les cent mille lecteurs, mais tout allait changer lorsque j'appuyai sur 'Publier' : une semaine plus tard, la note avait été lue par plus d'un million trois cent mille personnes et les journaux de nombreux pays se faisaient l'écho de mes critiques avec des titres dramatiques comme « Le fils d'Escobar attaque Netflix ». Entre-temps, je publiai un message sur les réseaux sociaux invitant la jeunesse à ne pas croire les « vérités » que racontait la série et à se méfier du contenu. Voici une partie du texte publié :

« Au nom de mon pays et en honneur à la réalité des faits survenus dans les années quatre-vingt et quatre-vingt-dix, je me vois dans l'obligation de dénoncer les erreurs gravissimes d'une série qui se prétend véridique mais qui est bien loin de la vérité, insultant de ce fait l'histoire d'une nation entière et de nombreuses victimes et familles :

1. Carlos Henao (R.I.P.) était mon oncle maternel et n'était pas un trafiquant de drogue comme ils le présentent dans la série. Il était, de fait, travailleur, honnête, droit et un bon père de famille. Il était très proche de ma mère. Il a été vendeur de bibles, d'acrylique et de serpillères. Il parlait toujours de paix, jamais de guerre ; il préférait s'enfuir plutôt qu'attaquer qui que ce soit. Carlos Henao n'a jamais été narcotrafiquant ni n'a jamais vécu à Miami. Il a été séquestré et torturé en compagnie de Francisco Toro, un autre homme innocent. La série le présente à un autre moment et dans un autre lieu, faisant penser qu'il est mort dans un affrontement entre la police et les trafiquants, mais en réalité sa mort fut une injustice.
2. Mon père n'était pas supporter de l'Atlético Nacional, mais du Deportivo Independiente Medellín.
3. Dans la série, Dandenis Muñoz Mosquera, alias *La Quica*, apparaît en deux lieux au même moment : il reste aux côtés de mon père alors que, en réalité, il avait été arrêté à New York, le 24 septembre 1991. Donc, quand mon père s'est évadé de la prison de La Catedral – en juillet 1992 –, *La Quica* était détenu depuis dix mois. Il a été condamné aux États-Unis à dix peines de prison à perpétuité pour sa supposée participation à l'attentat contre l'avion de

la compagnie Avianca en novembre 1989, dans lequel 107 personnes trouvèrent la mort. Le procureur général de Colombie de l'époque, Gustavo de Greiff, envoya des demandes de mise en liberté parce que, selon lui, il était innocent. *La Quica* s'est sûrement rendu coupable de nombreux crimes, mais pas de celui pour lequel il a été condamné.

4. À propos de l'évasion de La Catedral, la série montre une fusillade intense, mais la vérité est qu'il n'y eut pas d'affrontement aussi brutal ce jour-là ; seul un gardien qui s'était opposé à ceux qui essayaient d'entrer de force est mort. On voit plusieurs soldats qui laissent mon père s'enfuir, mais ça ne s'est pas passé comme cela. La fuite était préparée, préconçue depuis la construction de la prison elle-même. Mon père avait donné l'ordre de laisser quelques briques non scellées dans le mur d'enceinte et il s'est échappé quand le gouvernement lui a notifié son transfert vers un autre lieu de détention.
5. Álvaro de Jesús Agudelo, alias *Limón*, a été le chauffeur de Roberto Escobar, *Osito*, le frère aîné de mon père, pendant près de vingt ans. Il n'est pas apparu soudainement, ni n'a été recruté à la fin de l'histoire de la famille comme on le voit dans la série. J'ai connu *Limón* quand il conduisait le camion qui m'emmenait voir mon père à La Catedral.

6. Il n'est pas exact non plus que les cartels de Medellín et de Cali se sont répartis les marchés exclusifs de Miami et New York pour trafiquer. Ce n'était pas nécessaire. Le marché était tellement grand qu'il n'y avait pas de besoin de le régionaliser.
7. La CIA n'a pas proposé aux frères Fidel et Carlos Castaño de créer les *Pepes*, comme l'assure la production. En réalité, c'est Fidel Castaño qui l'a décidé, avec la complicité du cartel de Cali et des autorités colombiennes.
8. Ma mère n'a jamais acheté ni utilisé une arme. Elle disait toujours à mon père qu'il ne fallait pas compter sur elle pour tirer un coup de feu. Dans la série, ma mère achète un pistolet parce qu'elle a peur, mais cela n'est jamais arrivé dans la vraie vie.
9. Mon père n'a jamais tué personnellement le colonel Carrillo, présenté dans la série comme le chef du Bloc de Recherche. En revanche, il a ordonné beaucoup d'attentats contre la police de Colombie.
10. Ceux qui connaissent l'histoire en profondeur savent que mon père a commis une grave erreur en ordonnant la mort de Gerardo, *Kiko* Moncada et Fernando Galeano, ses associés et créanciers. Ces deux crimes ont été déterminants dans sa chute finale. Ils ont été séquestrés par le cartel de Cali et, pour être libérés, ont promis de livrer

mon père et de lui couper toute aide financière. Mon père et ses hommes ont découvert la trahison, ainsi que près de 20 millions de dollars dans une cachette.

11. À la fin de ses jours, mon père était seul. Il n'était pas entouré de truands comme on le montre dans la série, puisque presque tous, à l'exception d'*Angelito* et de *Chopo*, s'étaient rendus ou étaient morts. L'armée de délinquants que l'on voit avec mon père avait cessé d'exister parce qu'il avait déjà perdu tout son pouvoir.
12. La série nous montre constamment cachés dans de belles maisons, mais en réalité nous vivions souvent dans des taudis à même la terre, parfois sans eau ni électricité. Cette façon de présenter ce qu'il s'est passé laisse entendre que nous fuyions de villa en villa, sans souffrances. Mais ce n'était pas le cas. Après l'évasion de La Catedral, il n'y eut plus un tel confort. Ce sont des leçons de vie que j'ai gardées et qui m'ont aidé à adopter une approche pacifique de la vie, sans vouloir répéter l'histoire de mon père.
13. L'histoire d'un certain *León* de Miami ne s'est pas passée comme ils la montrent. Il n'a pas vécu aux États-Unis, et il n'a pas non plus été un traître. Au contraire, il est resté fidèle et courageux et est tombé en faisant la guerre au

nom de mon père. Il est mort à Medellín après avoir été séquestré sur ordre des frères Castaño.

14. Dans *Narcos*, on voit un Pablo Escobar qui haïssait les habitants de Cali, mais la vérité est qu'il n'a jamais menacé cette ville. Je me souviens qu'il avait publié un communiqué un jour où il précisait que son épouse et une partie de sa famille étaient originaires de cette région et qu'il n'avait donc rien contre les gens de Cali ou du Valle, mais contre certaines personnes qui vivaient là-bas.
15. Ricardo Prisco Lopera, de la bande des *Priscos*, était chronologiquement déjà mort au moment où on le voit apparaître dans la série. Il n'était pas non plus médecin, comme il est dit dans un des épisodes.
16. Mon père n'a pas ordonné d'attaque à la bombe contre la fille de Gilberto Rodríguez lors de son mariage. Durant la guerre des cartels, aussi bien mon père que les parrains de Cali ont respecté leur pacte de ne pas toucher aux familles du camp rival. Plusieurs vidéos saisies ont fait penser aux Rodríguez que mon père préparait quelque chose contre eux, ce qui motiva la bombe contre l'immeuble Mónaco, en janvier 1988. La série insiste sur des situations de violence qui n'ont jamais existé, parce que mon père ne les a jamais ordonnées.
17. Mon père ne nous a jamais obligés à rester avec lui dans la clandestinité. Lui et ma mère ont

toujours pensé que le mieux était de nous offrir une bonne éducation pour que nous ayons des opportunités différentes de celles qu'ils avaient eues. Mon père savait que nous n'aurions aucun avenir à ses côtés.

18. *Narcos* nous montre pris dans de nombreuses fusillades, mais en réalité il n'y en eut qu'une seule, celle de janvier 1987, alors que nous allions de Nápoles à Medellín. Au péage de Cocorná, mon père, Carlos Lehder et trois gardes du corps ont échangé des coups de feu avec les agents du DAS. La fusillade fut intense, mais il n'y eut aucun blessé. Je raconte l'épisode en détail dans mon livre *Pablo Escobar, mon père*.
19. Les scénaristes situent les attaques commanditées par mon père contre Drogas La Rebaja, en 1993, alors qu'en réalité elles sont survenues entre 1988 et 1989.
20. J'aurais aimé profiter de la version si tendre de ma grand-mère paternelle qui est présentée dans la série. Désolé de vous décevoir, mais ma grand-mère Hermilda et mon oncle Roberto ont pactisé avec les *Pepes* et ont collaboré si activement avec les ennemis de mon père que ceux-ci leur ont permis par la suite de rester vivre en Colombie.
21. Notre voyage avorté en Allemagne en novembre 1993 est plein d'imprécisions. Ma grand-mère paternelle ne voyageait pas avec nous cette fois-là. Au contraire, elle préférait

rendre visite à son fils aîné, Roberto, à la prison d'Itagüí, plutôt qu'à Pablo dans la clandestinité. La seule fois où elle nous a rendu visite des mois avant la mort de mon père, elle nous a bien fait sentir qu'elle ne souhaitait pas être avec nous.

22. Le procureur de Colombie ne voulait pas non plus nous aider autant que ce que l'on veut montrer. Et le procureur De Greiff a participé au piège qu'ils nous avaient tendu pour coincer mon père. La réalité est que nous étions retenus en otages à Residencias Tequendama ; nous étions deux mineurs et deux femmes enfermés dans une chambre d'hôtel. *Narcos* enveloppe les faits de fantaisie, ce qui en réalité diffère beaucoup de ce que l'on voyait à la télévision à l'époque.
23. On montre dans la série une Virginia Vallejo tellement amoureuse qu'elle refuse l'argent de mon père. Deux mensonges en un. Ils prétendent en plus que ma mère a parlé avec la présentatrice après l'évasion de La Catedral. Mais la vérité est que cela faisait près d'une décennie que mon père n'avait plus de contact avec Virginia Vallejo parce qu'il disait qu'elle était aussi la maîtresse des barons du cartel de Cali. Cette femme n'a jamais été aussi proche de mon père, elle n'est qu'une infidélité parmi tant d'autres.

24. Mon père ne nous a pas envoyé de téléphone portable à Residencias Tequendama, et encore moins par le biais de Virginia Vallejo. Il est historiquement prouvé qu'il appelait la centrale de l'hôtel, et que je raccrochais chaque fois parce qu'il violait ses propres règles de sécurité. C'est pour cela qu'il ne voulait plus parler avec moi mais avec ma mère et ma sœur, et il restait à parler plus longtemps que de raison, sachant que son appel serait tracé pour remonter jusqu'à lui.
25. Aucune journaliste n'a été tuée devant l'hôtel où nous nous trouvions. C'est une invention de *Narcos*. L'endroit grouillait de journalistes, de militaires et de policiers, ce qui rendait impossible qu'il arrive quoi que ce soit. Et pour couronner le tout, ils montrent une Virginia Vallejo morte, alors qu'elle ne l'est pas.
26. Mon père n'a jamais maltraité, insulté ou humilié ses parents, et encore moins Abel, son père. Il n'y a jamais eu de discussion sur ce ton. Mon père respectait les membres de sa famille, malgré la violence dont il faisait preuve en dehors.
27. Après la mort de mon père, ma mère s'est rendue à une réunion au sommet à Cali à laquelle ont assisté plus de quarante parrains du moment. Celui qui a sauvé la vie de ma mère et la mienne est en réalité Miguel Rodríguez, et

non Gilberto, son frère. Comme on le sait, lors de cette réunion, les barons de la drogue nous ont dépouillés de tous les biens de mon père, en échange de quoi ils épargnaient nos vies.

28. Dans un des épisodes de la série, ma grand-mère reproche à ma mère d'avoir trahi mon père. Rien n'est plus faux, puisque dans la vie réelle ma grand-mère paternelle et ses enfants ont entretenu des contacts secrets avec le cartel de Cali. Cette trahison familiale est longuement décrite dans mon livre *Pablo Escobar, mon père*, où je raconte comment ma grand-mère est allée jusqu'à renier, devant un notaire de La Estrella, le nom et l'existence de son fils Pablo Emilio Escobar Gaviria. »

CHAPITRE 13
Le droit à une seconde chance

Il n'a pas été facile de sortir de l'obscurité dans laquelle les péchés de mon père m'ont confiné, mais mon envie de vivre a toujours surpassé la peur. J'avais seize ans quand tout s'est effondré autour de nous et que le monde nous a fermé ses portes. En quête d'une opportunité loin des bombes et de la mort, l'Allemagne nous a renvoyés à coups de pied de son territoire parce que nous étions la famille du parrain. Lors du voyage retour vers la Colombie, le pilote indiqua aux passagers et à l'équipage que le vol devait modifier sa trajectoire parce que la France interdisait aux parents de Pablo Escobar, deux femmes et deux mineurs, de survoler son espace aérien.

À l'atterrissage à Bogotá, les autorités judiciaires nous ont menacés de nous retirer notre protection si nous ne logions pas à l'hôtel qu'ils nous recommandaient. Pour nous priver de toute possibilité, ils se sont assurés qu'aucune compagnie aérienne ne nous vende de billets. Il nous était interdit de chercher un endroit où nous mettre en sécurité. Ni le Vatican, ni le Comité international de la Croix-Rouge, ni les Nations unies… toutes les portes étaient fermées.

Au même moment, le gouvernement colombien et le Bureau du procureur général de la Nation, « inquiets » pour notre sécurité, confiaient notre protection à des criminels notoires, responsables des disparitions de la nounou de ma sœur, de notre professeur d'art et de culture, de la gérante de l'immeuble où nous vivions à Medellín et de deux employés de mon père.

Après la mort de mon père, une meute de criminels a exterminé tout ce qui pouvait porter la signature de Pablo Escobar, et nous avons vécu la fin de l'année 1993 avec les dents acérées de la guerre plantées dans notre cou, tandis que nous payions en cash et en biens chacune des fautes commises par mon père. Nous étions condamnés à mort si nous osions conserver ne serait-ce qu'une pièce de monnaie pour subsister. Les anciens associés et amis de mon père, devenus des ennemis dont notre famille a hérité, connaissaient chacun des biens mieux que quiconque, mieux que les autorités, voire mieux que nous-mêmes. Ce livre révèle surtout que mon père ne racontait pas toujours tout à qui voulait l'entendre.

Nous nous sommes alors retrouvés à la merci de l'ennemi et de ma famille paternelle, qui se sont alliés pour nous laisser sans rien. Mais c'est précisément ce dont je suis reconnaissant aujourd'hui, car si les choses s'étaient passées autrement, je ne serais pas un homme véritablement libre. Je serais toujours prisonnier de l'argent de mon père. Nous nous sommes vus obligés d'abandonner notre patronyme, puisque c'était la seule échappatoire et qu'elle passait par une nouvelle identité, une protection légale et la soif de survire.

Évidemment, il ne s'agissait en aucun cas de renoncer à l'amour pour mon père. Mais c'était la seule possibilité de sauver ma vie et celle des membres de ma famille, de récupérer aussi le droit à la paix, à l'éducation, nous éloigner pour toujours d'un pays qui ne voulait pas de nous et d'une violence qui menaçait de nous rattraper. Les amis de mon père qui n'ont pas profité de cette situation et qui n'ont rien pris se comptent sur les doigts d'une main, et encore, il me reste beaucoup de doigts.

Nous avons fui vers le Mozambique, seul espoir après un an de recherches et de deuil, mais tout a pris fin quand nous avons touché du doigt la réalité d'un pays dévasté par la guerre civile, le besoin et la faim, où il n'y avait rien à manger ni de garanties pour les habitants, et encore moins pour nous. Le plan sur lequel reposaient nos dix prochaines années s'est écroulé en quatre jours, alors nous sommes rentrés en Amérique.

La promesse de sortir de l'ornière une fois pour toutes a commencé à se dessiner par un chaud matin de l'été 1994, quelques heures avant Noël, à Buenos

Aires. Nous avions atterri en provenance de Maputo avec beaucoup de bagages et peu d'opportunités. Quelques jours auparavant, j'étais encore le fils du parrain le plus puissant de tous les temps, devenu désormais Sebastián Marroquín, un passant parmi d'autres, avec des lunettes de *nerd*, sans argent, sans la moindre idée de comment prendre les transports publics, sans d'autre plan que celui de rester en vie avec sa famille.

Nous avons travaillé dur pendant cinq ans pour commencer à écrire les premières lignes de notre propre histoire. Nous avons étudié, nous avons rencontré des gens, ma maman travaillait, nous étions une famille latino-américaine typique qui tentait de se construire un avenir stable, avec un travail honnête. Jusqu'à ce que, de nouveau, le patronyme revienne prélever les frais d'une dette qui n'était pas la nôtre. Je n'ai jamais partagé l'idée que les enfants héritaient des délits de leurs pères. Cette fois, la dette nous valut presque deux ans de privation de la liberté de ma mère pour le seul crime que nous ayons commis : celui de filiation, qui n'en est pas un. Ma mère et moi avons été détenus à cause d'un complot fomenté par un juge fédéral, un avocat et un comptable ainsi que des membres de la police fédérale, tous argentins.

Et même s'il était évident depuis le premier jour qu'il s'agissait d'une affaire judiciaire fabriquée par certains pour en bénéficier au détriment de notre histoire familiale et de notre tranquillité, il fallut sept longues années d'enquête exhaustive pour blanchiment d'argent et d'autres délits, pour que finalement la Cour suprême argentine rende un arrêt définitif de non-lieu et nous innocente totalement. Huit procureurs, les uns après les autres, ont dit que la procédure était truffée d'incohérences, d'excès et de violations des droits de l'Homme.

L'ombre dans laquelle j'étais habitué à vivre de peur d'être reconnu s'est dissipée un peu après ma remise en liberté, quand je me suis convaincu que j'avais une histoire à raconter, une histoire à ne pas reproduire. Les médias que je craignais tant sont devenus des alliés pour raconter au monde que j'étais enfin prêt à aborder l'histoire de ma famille comme une leçon pour les générations futures, à me montrer comme la preuve irréfutable que chaque personne a entre ses mains les outils nécessaires pour changer le monde, pour demander pardon pour les péchés de mon père et pour avoir une seconde chance d'être enfin reconnu pour ce que nous sommes tous : des individus.

Le documentaire *Les Péchés de mon père*, diffusé en 2009, après quatre années de production, condensait ma première expérience de réconciliation avec d'autres enfants qui, comme moi, sont devenus orphelins dans cette guerre absurde et personnelle de mon père contre la politique traditionnelle et contre un ministre de la Justice qui a perdu la vie en le dénonçant, dans les années quatre-vingt. Ma première rencontre avec Juan Manuel, Claudio et Carlos Fernando Galán Pachón, les fils du favori à l'élection présidentielle Luis Carlos Galán Sarmiento, assassiné par l'organisation de mon père, et avec Rodrigo Lara Restrepo, fils du défunt ministre, fut la réponse à des décennies d'angoisse et de fatigue à traîner le poids d'une faute que je n'avais pas commise. Ce fut aussi l'excuse pour fouler de nouveau ma terre après quatorze ans d'ostracisme, pour me rendre pour la première fois de ma vie sur la tombe de mon père et pouvoir lui dire que je l'aime, inondé de larmes, avant un dernier au revoir. J'avais besoin de pleurer mon père, pour pouvoir me défaire définitivement de son héritage du mal et poursuivre ma quête d'une nouvelle vie. Une vie où j'aurais à trouver la manière de marcher sur le fil ténu qui sépare l'amour pour un père, d'un côté, et le respect des victimes, de l'autre. Un équilibre assez complexe à atteindre dans une culture comme celle qui m'a vu grandir : tu respecteras ton père et ta mère. Difficile de contenter tout le monde et de n'offenser personne par mes actions, qui visaient à subsister dans la légalité absolue.

En Argentine, en Colombie et en Équateur, de longues heures d'enregistrements mettaient mes craintes à nu pour la première fois, je méditais chaque mot pour éviter de rouvrir des plaies. Quelques jours après l'avant-première du documentaire à Mar del Plata, je commençais à recevoir des invitations du monde entier pour présenter cette première approche de mon histoire. Les portes que l'on avait fermées alors que je ne cherchais qu'à vivre s'ouvraient peu à peu.

Le premier pays à me délivrer un visa furent les Pays-Bas, puis la Pologne, l'Espagne, le Canada, le Japon, la Belgique et l'Allemagne, où le directeur du Festival international du film de Munich, devant une salle de cinéma comble, m'a demandé pardon au nom du peuple allemand de nous avoir rejetés du pays sans raison par le passé.

Le documentaire a gagné sept prix internationaux, a fait l'ouverture du festival du film de Sundance aux États-Unis, et la presse n'a pas été avare d'éloges au meilleur documentaire diffusé depuis des années. Nous avons gagné deux autres prix au Festival de Cinéma de Miami, celui du jury et celui du public. Nous avons eu la même reconnaissance au prestigieux festival de La Havane. À Osaka, au Japon, nous avons reçu le prix du meilleur documentaire au Latin Beat Film Festival, avec en prime l'émotion de le voir sous-titré en japonais. L'Équateur et d'autres pays l'ont également récompensé et le documentaire a été le plus vu et le plus diffusé au monde de l'histoire des documentaires en langue espagnole. Six ans après son lancement au cinéma, les chaînes du câble continuent de le diffuser presque une fois par semestre, preuve que son message n'a rien perdu de sa validité.

Mais les reconnaissances et les nouvelles histoires à raconter qui motivaient chez moi cet effort personnel étaient tout autres. Les trophées vont et viennent, mais j'accorde plus d'importance au sens des expériences vécues, comme celle de Varsovie, en Pologne, où, après la présentation du film, un jeune s'est approché de moi en pleurant pour me souffler à l'oreille qu'il était un des fils du chef d'un cartel polonais et qu'il se débattait entre l'amour et le rejet de son père. Je lui dis que, selon moi, nous n'étions pas venus au monde pour être les juges de nos pères, mais leurs êtres les plus chers, et que s'il recevait un véritable amour de son père, il devait le lui rendre sans que cela fasse de lui son complice.

Le lendemain de la sortie du documentaire, je recevais des milliers de messages sur Facebook, et l'un d'eux attira mon attention. Il venait du fils d'un des chefs du cartel de Cali, exilé, stigmatisé, et orphelin, comme moi. Il me disait qu'il avait vu le documentaire avec sa famille et qu'il comprenait parfaitement le point de vue depuis lequel je m'exprimais. Ce fut une grande et belle surprise, parce que non seulement mon message parvenait aux victimes de mon père, mais aussi aux enfants de ses éternels ennemis.

Les réseaux sociaux me permettent de recevoir des messages des pays les plus lointains, et les histoires les plus incroyables. Je reçois très fréquemment des lettres de personnes qui me sont totalement inconnues et qui me confessent être les fils ou les filles de mafieux d'Inde, de Grèce, d'Italie, d'Espagne, de Turquie, de Palestine, du Mexique ou de Colombie. Un des messages envoyés depuis l'Inde me reste en mémoire : « Bonjour, Sebastián. Je peux m'identifier facilement à votre genre de vie, parce que mon père a vécu la même, d'une certaine manière. Tout le monde n'a pas le courage et la force de vivre après des changements aussi durs. Votre admirateur, Sudarshan. »

À Barcelone, le documentaire a été en tête d'affiche. Les cinémas où il était projeté faisaient salle comble, et des files impressionnantes se formaient sous la pluie sans qu'il y ait de places pour tous. Il a été choisi pour être le documentaire d'ouverture du DocsBarcelona, sans doute le meilleur festival de la ville.

C'est comme cela que María José Pizarro a eu vent de mon passage à Barcelone et m'a localisé à travers la Casa Amèrica Catalunya. À ce moment-là, elle réalisait un documentaire sur son père, Carlos Pizarro Leongómez, le commandant du M-19, assassiné le 26 avril 1990.

Elle savait déjà sans doute que Carlos et Fidel Castaño avaient été les véritables commanditaires de la mort de son père, et non le mien, comme le soutenait la version des autorités, et c'est pour cela qu'elle avait voulu m'interviewer. Finalement, nous avons perdu le contact, mais j'ai été heureux de savoir qu'elle avait lancé avec succès le film sur son père, en avril 2015.

À Vancouver, au Canada, après la projection de mon histoire sur grand écran, j'ai vu le public faire la queue pour me poser des questions, et je n'oublierai jamais le visage de cette femme, en pleurs, qui me dit : « Juan Pablo, je peux t'embrasser ? » Après quelques minutes enlacés, elle parvint à m'expliquer les raisons de son émotion : un membre de sa famille se trouvait dans l'avion que mon père avait fait exploser en vol, en novembre 1989. C'était un Boeing 727 dans lequel devait voyager César Gaviria Trujillo, le successeur de Galán. Il n'est jamais monté à bord. C'était le vol 203 d'Avianca, à bord duquel ont tristement péri plus de cent âmes innocentes.

Le calme et la tranquillité qui ont suivi cette accolade m'ont rempli d'émotion, et comme si cela ne suffisait pas, la dame enchaîna en me disant : « Je vous présente la maman, la sœur et la nièce de la victime. » Ce fut extrêmement dur pour moi de me retrouver là, confronté à l'histoire de mon père et aux visages de ses victimes. Mais il n'y avait pas en elles de rancœur ni de haine contre moi ou ma famille, ce qui me surprit encore davantage car on se serait attendu au contraire. Elles me remercièrent d'avoir demandé pardon aux Galán et aux Lara, et je demandai de nouveau leur indulgence pour la douleur que mon père leur avait causée.

C'est comme cela qu'a commencé notre lent processus de réinsertion dans la société globale. De plus en plus de gens nous reconnaissaient comme une famille qui a dû elle aussi supporter le poids d'une guerre, avec nos parents morts ou disparus, avec des séquelles physiques et psychologiques, avec des cicatrices et avec le besoin de continuer de construire un environnement de tolérance, de respect et d'humilité qui nous permette d'admettre que notre nom est synonyme de douleur.

À mesure des projections du documentaire *Les Péchés de mon père*, je me rapprochais de plus en plus de la réalité de mon pays, et de plus en plus de victimes de mon père dévoilaient leur douleur. Aussi, j'étais de plus en plus convaincu du besoin de raconter comment avait été ma vie de fils aîné de Pablo Escobar.

J'ai donc décidé d'écrire. En peu de temps, *Pablo Escobar, mon père* est devenu un *best-seller* international, et, fin 2016, il était traduit en treize langues. Ce n'était pas simplement le résultat d'un rigoureux travail de recherches levant le voile sur des histoires et des témoignages, mais aussi une confrontation douloureuse et intime avec mon propre passé.

Une fois mon livre publié, j'ai décidé d'accepter les demandes d'entretiens radiophoniques en direct, à commencer par celle d'Andy Kusnetzoff, un jeune journaliste à succès argentin. Je suis arrivé dans le studio et une surprise m'attendait sur une des lignes téléphoniques de l'émission. C'était Jorge Lara, fils du ministre Rodrigo Lara Bonilla. J'étais étonné qu'il ait accepté une interview avec moi, parce que c'est son frère Rodrigo qui avait participé au documentaire. Jusqu'à ce moment-là, Jorge avait décidé de rester discret à l'égard des médias. L'entretien a été pour moi la confirmation publique que pardonner est sage, curatif et sensé. Des millions de personnes ont écouté notre dialogue en Argentine en ce mémorable 19 novembre 2014, mais ce qui interpella le plus furent ces paroles de Jorge :

« … Comme nous le savons, Sebastián et moi, nous sommes tous deux des victimes. Demander pardon ? Pour moi, c'est un geste très noble parce qu'il adopte une position qui ne devrait pas être la sienne mais celle de celui qui a commis ces faits. Mais la noblesse se porte à l'intérieur. Tu l'es ou tu ne l'es pas. Et Sebastián, pour moi, est une personne très noble, malgré les histoires que l'on raconte sur ce qu'il a fait ou pas… Écoute, moi, je sais quelle personne j'ai rencontrée, je sais que c'est une personne qui s'est présentée devant tout un pays où beaucoup veulent qu'il se taise, où beaucoup ne veulent pas de lui parce qu'ils savent qu'il a eu le temps de parler avec son père, de vivre. C'est une personne rejetée par beaucoup dans ce pays et dans le monde, je dirais. Mais ce que j'ai vu, c'est quelqu'un de gentil, de sympathique, une personne aimée, qui a fait le tour du monde pour parler de paix. Alors quand il demande pardon pour les crimes de son père, je ne peux que l'accueillir les bras ouverts, en lui disant "tu sais, nous sommes tous les deux des victimes, mais je sens que tu l'es davantage que moi parce que malheureusement tu dois assumer que dans l'esprit des gens, quand on pense à Escobar, on pense à la terreur". J'admire Sebastián parce qu'il s'est levé et il a fait face. Combien de fils de personnes également impliquées dans le trafic de drogue se sont cachés ou ont poursuivi ce que faisaient leurs pères ? Sebastián, non. [...] Alors, quand Sebastián me demande pardon, qu'est-ce que je peux lui dire ? Parlons de ce qu'il s'est passé, et ne me demandez pas pardon ! Montrons que c'est possible, et que la rancœur ne nous mènera nulle part ! »

Jorge n'a pas simplement accepté mon amitié, mais grâce à lui j'ai eu une des reconnaissances les plus importantes et significatives de ma vie. Alors que nous étions à Madrid, il m'a présenté à Mercedes, une amie de la famille depuis les années d'exil à la suite de la mort de Rodrigo Lara Bonilla. Elle était bouleversée par le message de réconciliation du documentaire et elle s'est proposée pour le présenter à l'Organisation des Nations unies.

Les mois ont passé, et l'espoir que l'ONU me contacte pour le documentaire aussi, jusqu'à ce que, après plusieurs échanges avec Carlos Jiménez Rengifo, responsable pour l'Espagne du Centre régional des Rapports des Nations unies pour l'Europe occidentale, l'événement soit accepté et organisé pour le 21 septembre 2010, à l'occasion de la Journée internationale de la paix. La présentation aurait lieu au Goethe Institut de Bruxelles, en Belgique. Un message du secrétaire général Ban Ki-Moon, enregistré spécialement pour l'occasion, fut diffusé ce jour-là. L'auditorium était plein et beaucoup voulaient participer et poser des questions. Je n'aurais jamais imaginé que mon nom soit un jour prononcé en Europe, dans le cadre des Nations unies. J'étais le fils de Pablo Escobar et je me retrouvais assis à la tribune la plus importante de la défense des droits humains et de la paix dans le monde.

Cette expérience me mena aussi au Sommet ibéro-américain de la créativité, à Avilés, dans le nord de l'Espagne, durant la dernière semaine de juillet 2011. Il s'agissait d'une rencontre où des cinéastes, des acteurs et des délégués des Nations unies débattaient sur la lutte contre les drogues, l'égalité de genre, la traite d'êtres humains et la protection de l'environnement.

Ma position – ce n'est pas un secret – défend ouvertement la légalisation et la régularisation des drogues, parce que ce serait la seule manière d'en finir avec la rentabilité du trafic, responsable d'une grande partie de la violence de la planète, de la vente d'armes sur le marché noir, de la corruption et de l'infiltration des institutions étatiques grâce à sa puissance économique. C'est ce que j'exposais à un haut responsable anti-drogue des Nations unies, qui m'avait été présenté comme l'un des grands spécialistes du trafic de drogue mondial. Même si nous étions d'accord sur une bonne partie de la thèse, il m'indiqua au moment du dessert que, malheureusement, dans son travail, son opinion personnelle ne changeait rien. Comme on pouvait s'y attendre, ce responsable intervenait dans les conférences en défendant « le vélo statique » qu'est devenue la lutte globale contre les drogues. Les Nations unies estiment aujourd'hui à plus de cinq cents les nouvelles substances disponibles sur le marché, dont certaines ne sont parfois même pas considérées comme illicites. Si l'on compare ce chiffre avec la faible variété disponible dans les années quatre-vingt, nous avons un indicateur clair d'une croissance exponentielle imparable. Il est indispensable d'apprendre à vivre avec cette réalité humaine qui veut que nous soyons tous des accros en puissance, mais avec des valeurs humaines et par une éducation ciblée et précoce, nous pouvons faire face au problème et réduire au minimum l'impact de cette épidémie.

Dans mon exposé, au contraire, j'ai invité le public à se libérer des préjugés et je lui ai demandé de fermer les yeux un instant et d'imaginer un monde où la pizza serait interdite. J'ai immédiatement entendu des rires, mais j'ai alors expliqué que si l'on interdisait la pizza, sa qualité baisserait, puisque l'État ne pourrait plus la contrôler, et son prix augmenterait, ainsi que les marges de ceux qui oseraient dealer la napolitaine. Mais je leur ai dit aussi qu'il y avait tellement de gens qui mangeaient de la pizza que la demande continuerait de grandir et que finalement beaucoup iraient jusqu'à tuer pour contrôler le marché. Le mieux, ai-je poursuivi, serait de continuer à en vendre sans restriction et de façon réglementée pour que les narcos arrêtent de mélanger du verre pilé à la cocaïne pour en augmenter le volume et la rentabilité, au détriment de la santé des consommateurs. J'ai défendu l'éducation comme la principale ressource disponible pour faire face au problème de façon efficace, mesurable, durable et économiquement viable. J'ai rappelé que c'est comme cela que mon père m'a éduqué à l'âge de huit ans à propos de la consommation de drogues, avec un résultat surprenant, puisque, tout en étant l'enfant le plus entouré de drogues de toute la Colombie, j'ai attendu d'avoir vingt-huit ans pour oser goûter à l'herbe. Mais malgré les années passées dans la solitude d'un exil irréprochable, l'espace de visibilité que m'ont offert de nombreux pays ne s'est pas encore ouvert dans le mien.

Le documentaire et le livre ont provoqué des entretiens et des interrogations très fortes auxquelles j'ai été, comme je le suis toujours, disposé à répondre pour assumer chaque mot que j'ai pu prononcer et écrire. Mais les publications ont aussi ouvert la voie à des possibilités jusqu'alors inconnues, comme mon désir d'être père.

Mon épouse et moi voulions devenir parents, mais nous étions conscients qu'avoir un enfant revenait à le condamner à être poursuivi lui aussi pour les crimes de son grand-père. Cela ne nous semblait pas juste, et donc beaucoup de choses ont dû changer dans nos vies avant que nous commencions à l'envisager. Les effets positifs du documentaire ont sans doute fait pencher la balance du côté du droit à vivre cette expérience. Cela n'a pas été facile. Alors qu'il n'y avait aucun problème médical et que les médecins nous assuraient qu'il n'y avait aucun empêchement physique, les jours passaient sans que la bonne nouvelle arrive.

Nous nous sommes rendus en Colombie, pour essayer un traitement. Mon épouse a même subi une intervention chirurgicale, mais nous avons dû rentrer à Buenos Aires chargés d'une nouvelle déception, après être allés jusqu'à l'insémination *in vitro*. J'avais prévu un second voyage au Canada, et je bénéficiais d'un visa de travail temporaire – un exploit dans mon cas – pour participer à un débat en tant qu'invité de la Société John Howard, une institution qui soutient depuis plus de cent cinquante ans les anciens détenus dans leur processus de réinsertion sociale et économique. Une nuit, avant de partir, et après cinq ans de traitements infructueux, nous avons conçu notre fils, avec l'aide de Dieu.

Aujourd'hui, Juan Emilio pose quantité de questions. J'ai pris la décision de lui raconter l'histoire de manière progressive, sans ambiguïté ni semi-vérités, mais graduellement, en respectant son âge. Quand il avait à peine un an et demi, nous lui avons demandé où était grand-père Pablo. L'enfant s'est mis debout, a montré une photographie de mon père, l'a prise dans ses mains et, en s'asseyant, lui a fait un bisou. Je souhaite qu'il ait de son grand-père une image d'amour, et c'est pour cela que les voyages d'aventure, les motos, les courses automobiles, les animaux du parc zoologique de la propriété de Nápoles et toutes les folies d'engins à moteur sont parmi les premières histoires que je lui raconte et les premières images que je lui montre. Je sens que mon rôle de père était un devoir latent. Je respecte ceux qui le haïssent, mais Pablo Escobar était mon père et je demande que l'on respecte également mon droit de l'aimer comme un fils.

C'est donc en réfléchissant à la façon de raconter à Juan Emilio l'histoire, celle de son grand-père guerrier et celle de son père voué à la paix et à la réconciliation, que j'ai décidé de lui dédier mon livre *Pablo Escobar, mon père*, le 15 février 2015. Je suis certain que ce n'est qu'à travers la vérité qu'il sera possible de ne pas réitérer les erreurs et que mon fils pourra vivre sans devoir porter le fardeau de personne.

"Juan Emilio : Mon très cher fils, tu as entre les mains la véritable histoire de ton grand-père Pablo. C'est la seule histoire, ne te laisse pas dérouter par les autres versions, qui sont toutes biaisées. Tu trouveras dans ces pages des milliers d'histoires et d'expériences de vie que j'espère que tu ne reproduiras pas, je te le demande. Car nous les avons déjà vécues et en avons souffert. Je supplie Dieu

de ne pas te les transmettre pour que tu les revives, mais pour que tu n'en tires qu'un héritage positif, de paix et de bonté pour toi et toute l'humanité.

Il te faut lire mon livre, non pas parce que je te l'impose, mais parce que tu dois parfaitement connaître ces histoires, qui sont aussi nos histoires, celles de ton grand-père, celles de la famille et aussi la mienne ; pour que tu ne commettes pas les mêmes erreurs.

Ne laisse pas tes origines te définir en tant que personne et en tant qu'homme, parce que notre plus grand acte de courage, d'humilité et d'humanité est de nous accrocher à la paix et à la non-violence.

Vis en paix, selon ta conscience, ton âme et ton cœur ; sois un homme bon, c'est le devoir de chaque être humain. N'entreprends rien de mauvais ou d'illicite, tu as trop de talent pour le gâcher de la sorte.

Voici le témoignage de ma vie aux côtés du meilleur père du monde : Pablo Escobar, ton heureux grand-père. Mais c'est aussi la preuve éloquente des conséquences négatives que peuvent avoir les erreurs et les mauvais choix personnels sur un être humain, sa famille et son pays.

La vie te proposera différents chemins, et tu apprendras qu'il nous faut choisir à chaque pas entre le Ying et le Yang. Mais mon père m'a aussi dit que tout ce qui peut paraître un péché aux yeux des hommes ne l'est pas forcément aux yeux de Dieu. L'amour inconditionnel que je ressens pour ton grand-père ne m'a pas non plus aveuglé, et je reconnais devant le monde ce qu'il a fait de mal, comme ce qu'il a fait de bien.

Je regrette que tu n'aies pas eu le privilège de connaître ton grand-père de son vivant, parce que c'était l'homme le plus aimant qui soit pour sa famille. Je l'ai vécu depuis ma naissance, je l'ai senti, je l'ai perçu, et je lui suis resté loyal jusqu'à sa mort, comme tu dois l'être avec nous, tes parents, et avec tes amis.

Si tu restes fidèle à toi-même, tu ne manqueras de rien. Ne fais jamais confiance aux oncles et tantes du côté de ton grand-père, car leurs cœurs ne sont que méchanceté. Ne te laisse pas abuser par leur amour de façade, reste éloigné d'eux et de leur obscurité, eux qui ont vendu ton grand-père et ta grand-mère Tata, ta tante Juana ainsi que ta maman et moi.

Vis ta vie dans la bonne foi et l'optimisme, persévère, comme disait ton grand-père, et 'conserve ton esprit de combattant', mais pour les causes nobles de la vie.

Prends bien soin de toi dans ton voyage tout au long de la vie, et souviens-toi que nous ne pouvons pas changer le passé, mais bien le présent et l'avenir.

Je ressens un amour indescriptible et incommensurable pour toi, que tu ne comprendras qu'en devenant père. Je t'aime d'un amour inconditionnel, nous sommes et nous serons toujours les amis les plus loyaux. Je suis ce que je suis par toi et pour toi. Ton père, qui t'aime infiniment de tout son cœur et partage avec toi tout ce qu'il sait, tout ce qu'il a vu. Je t'aime, J. E. Sois béni, mon beau chaton.

Ton papa, Juan Pablo Escobar".

Voilà comment je signai le premier livre, par mon nom original, parce que je ne voulais pas que mon fils puisse douter de mon identité. Je suis aujourd'hui Sebastián Marroquín et ma grande tâche sera de lui faire apprendre la différence entre le passé, le présent et l'avenir.

Ce second exercice d'écriture m'a permis de reconnaître les opportunités apparues après avoir décidé de sortir de l'ombre, après avoir pris la décision de raconter l'histoire de mon père *in fraganti*, et la mienne au passage, différente, puisqu'elle se fonde sur mes convictions de paix.

J'ai cessé d'être le gamin qui ne connaissait que les voyous comme *Chicha*, *Séforo*, *Cejitas*, *Icopor*, *La Yuca*, *El Flaco*, *Pinina*, *Otto* ou *Chopo*, parmi tant d'autres, pour être entouré d'activistes, de défenseurs des droits humains, de victimes sur le chemin du pardon et de la réconciliation, de sénateurs, de politiques, de banquiers, de présidents, de scientifiques, d'artistes, de philanthropes et d'écrivains.

C'est ainsi que je suis entré dans le monde des conférences, à mesure que le livre était présenté dans toujours plus d'endroits de la planète. J'ai fait mes premiers pas à Buenos Aires, quand la députée Margarita Stolbizer, membre de la Commission des addictions et du contrôle du trafic de drogues de la Chambre des députés, m'a invité à faire partie d'un panel de conférenciers pour partager nos expériences avec différents domaines de la société sous l'égide de l'i-GEN, Institut d'Études pour une Nouvelle Génération. J'ai déclaré à cette occasion que si on comparait mon père aux trafiquants de drogue actuels, « il aurait l'air d'un enfant de chœur », ce qui évidemment a provoqué un grand scandale. Les médias ont qualifié mes propos d'insensés, alors qu'en réalité ils ignoraient l'augmentation du trafic et de la consommation de drogues dans le monde.

Une importante banque brésilienne m'a invité à donner une présentation à São Paulo à l'occasion de la traduction en portugais de mon premier livre, à la même heure qu'un match de football de l'équipe nationale. La salle était pleine, mais cinq individus ont attiré mon attention par leur façon de s'habiller et parce qu'ils portaient des casquettes de couleur. J'ai su le lendemain qu'il s'agissait des principaux membres du Premier Commando de la Capitale, le PCC, peut-être le plus grand cartel de drogue de la ville. Ils étaient venus écouter mon message, qui ne consistait qu'en des références et des réflexions sur la vie de mon père.

Quelques semaines plus tard, le Secrétariat aux sports, à la jeunesse et à la prévention des addictions de la province de La Rioja, en Argentine, me sollicitait pour un cycle de « Ciné-débat », où, pendant une semaine, nous avons débattu, avec la police locale, des fonctionnaires, des écoles et d'autres acteurs de la vie publique, des leçons de vie à tirer du narcotrafic. J'ai été impressionné par le discours inaugural du vice-gouverneur, qui n'a pas tari d'éloges pour mon travail en faveur de la paix.

Il m'est arrivé une anecdote sympathique avec Jared Cohen, directeur de Google Ideas, qui m'avait envoyé un courrier pour m'inviter à participer à une conférence à Los Angeles, en Californie, dans le cadre d'un cycle intitulé *Réseaux illégaux, forces en opposition*. Il m'avait dit qu'il interviendrait pour m'aider à obtenir un visa pour les États-Unis, et je lui avais exprimé en retour mon incrédulité, puisque j'en avais déjà eu un en 2010, avant qu'il ne soit annulé trois jours plus tard. Pensant que l'influence de Google me permettrait d'obtenir le visa, je me suis rendu à l'ambassade des États-Unis à Buenos Aires, mais, comme prévu, la fonctionnaire qui m'a reçu, une blonde en uniforme à l'allure impeccable et au regard perçant, m'a refroidi aussitôt :

« Mais qu'est-ce que vous faites ici ? Pourquoi êtes-vous venu, si vous savez qu'on ne va pas vous donner de visa ? »

J'en restai muet, et je sortis de là en me plaignant des 140 dollars que je venais d'offrir à l'ambassade. Nous avons fini par échanger par visioconférence depuis le siège de Google à Puerto Madero.

Le Sommet ibéro-américain de la créativité me réservait des surprises, comme l'invitation de Pilar Varela, maire d'Avilés, en Espagne, à visiter une prison toute proche le lendemain, pour donner une conférence gratuite et connaître de près un programme innovant de réduction de la violence et d'amélioration de la cohabitation interne. Lors de la rencontre avec les détenus de l'unité thérapeutique du centre pénitentiaire de Villabona, j'ai parlé de mes expériences de vie, et au moment des questions, un prisonnier a pris la parole et m'a dit :

« Pourquoi tu ne parles pas à mes codétenus du quartier Moravia ?

– Pardon ? Je ne t'ai pas bien entendu, lui dis-je, déconcerté.

– Je fais référence à la décharge municipale de Medellín, dans le quartier de Moravia, où vivaient cinq mille familles à qui ton père a offert plus de mille maisons. Ma famille et moi avons bénéficié du programme *Medellín sans Taudis*. »

Je n'aurais jamais imaginé que je trouverais, dans une lointaine prison de l'autre côté de l'Atlantique, un prisonnier qui ressentait de la gratitude pour mon père.

Une des conférences où je me suis senti le plus mal à l'aise s'est tenue sur l'île de la Barbade, où l'on m'avait invité au sommet de la sécurité maritime et de la surveillance du bassin côtier des Caraïbes, CABSEC 14, auquel assistaient les autorités gouvernementales, militaires et maritimes des pays des Caraïbes, des États-Unis et du Canada. J'étais pour ainsi dire le seul civil, mais je n'ai pas pu y assister parce que je me trouvais à ce moment-là dans la région du Magdalena Medio à m'entretenir avec plusieurs personnes en vue de ce livre. Nous avons donc opté pour la visioconférence.

À la fin du débat, au moment des questions, un général portant l'uniforme de l'armée de terre de mon pays s'est levé. Je pensais qu'il allait parler pour ne rien dire, mais au contraire, il m'a demandé pardon au nom de son institution pour la façon dont elle avait mené la guerre contre ma famille pendant la traque de mon père. Je l'ai remercié de son message, et je lui ai répondu que ce changement d'attitude des forces de maintien de l'ordre me remplissait d'optimisme pour la Colombie du futur.

La très puissante banque brésilienne Itaú m'a sollicité pour donner une conférence devant les principaux cadres de la région, dans l'hôtel d'un vignoble de la province de Mendoza. Les banquiers de presque tous les pays d'Amérique latine se sont fait prendre en photo avec moi et se sont émus en écoutant mes histoires. J'ai profité de l'occasion pour leur dire combien il est important que tous les citoyens aient le droit d'avoir un compte bancaire pour exister, comme une marque de légalité et de transparence dans la société. J'ai dit ça parce que plusieurs fois au cours de ces vingt dernières années d'autres institutions bancaires ont clos mes comptes simplement parce que je suis le fils de Pablo Escobar.

Le Mexique est devenu un grand soutien de mon parcours et de mes messages de paix, et on m'y invite fréquemment. La commission de la Justice du Sénat de la République mexicaine m'a ainsi invité à participer à un débat sur « les conséquences du narcotrafic pour notre société et pour la famille ». Le panel était présidé par le sénateur Roberto Gil, qui s'est prononcé publiquement en faveur de la légalisation de la marijuana dans son pays. J'ai été surpris par l'énorme pancarte suspendue au mur de cette institution qui disait : « Rencontre de la commission de la Justice avec Sebastián Marroquín ».

Guadalajara est une ville que j'apprécie pour la gentillesse de ses habitants, et pour sa ressemblance avec ma ville natale, Medellín. J'ai eu là-bas l'honneur d'être invité à présenter mon documentaire mais aussi mon livre dans le cadre du Festival du cinéma. Quelque temps après, ils m'accueillaient au premier forum international *Emprendiendo Jóvenes* pendant l'Expo Guadalajara, où je vis avec curiosité mon visage sur la brochure, à côté du procureur de Colombie de l'époque, Alejandro Ordoñez, et de l'ancien président Álvaro Uribe, présent par visioconférence.

Le 23 octobre 2015 est un jour mémorable pour moi. L'organisation *Convivencia sin Violencia*[26] m'avait invité à prendre la parole au Forum des Jeunes de 2015, où j'ai donné ma conférence *Una historia para no repetir* devant 3 500 jeunes de cent écoles de Mexico, dans le palais des expositions Expo Bancomer Santa Fe. Ce fut une très bonne expérience de voir les jeunes recevoir mon message et participer à travers leurs questions, mais aussi d'observer la queue interminable qui se formait pour une photo et une dédicace de mon livre.

Un peu avant de terminer ce livre, j'ai donné une conférence devant 1 400 élèves du lycée Kipling, à Mexico. J'ai remarqué que les étudiants étaient réceptifs à mon message, mais j'ai été un peu irrité en apprenant que quatre familles colombiennes avaient interdit à leurs enfants scolarisés dans l'institution d'assister à ma présentation. À la fin de mon intervention, j'ai demandé aux élèves de partager mes propos avec leurs camarades colombiens dont les parents avaient fait preuve d'un tel préjugé.

---

26. *Vivre ensemble sans violence*, ndt.

Le Salvador, où j'ai été invité à participer à trois événements pour la paix par la Fondation *Mujer Legal*, n'est pas une exception. Des personnes se présentant comme membres du corps diplomatique de mon pays ont appelé pour demander l'annulation de l'événement, considéré comme une apologie du crime. Ils n'avaient sans doute pas pris la peine de vérifier que ma conférence s'intitulait *Pablo Escobar, una historia para no repetir*.

Malgré cela, 2 000 élèves du lycée Instituto General Francisco Menéndez, Inframen, assistèrent à ma conférence. Il s'agit d'un institut éducatif très motivé, mais stigmatisé par une problématique de drogues et de violence. J'ai été touché par l'accueil de ce jeune public, le plus chaleureux et le plus émouvant que j'ai reçu jusqu'à présent. Il était important pour moi de connaître de près la réalité d'un phénomène qui touche tout le pays : celui des *Maras*, ou gangs.

Vingt-trois ans se sont déjà écoulés depuis la mort de mon père et notre exil forcé, et je considère que beaucoup de pays du monde nous voient sous un jour nouveau. Cependant, ce n'est pas le cas de mon pays, où les intolérants sont encore aujourd'hui une majorité.

Alors que je finis d'écrire ce second livre, le pays se débat entre la fin d'un conflit de cinquante ans et la vision de ceux qui pensent que la soumission par la force et la reddition sont les seules issues possibles pour une guérilla à qui il ne reste plus rien d'autre que sa fierté. Lors d'un référendum historique censé ratifier les négociations de paix entre le gouvernement du président Juan Manuel Santos et la guérilla des Farc, le peuple de Colombie s'est prononcé contre un accord qui garantirait la fin de la guerre et des tueries systématiques et constantes. Cinq jours après, le président de la République recevait le prix Nobel de la Paix 2016, comme un soutien clair de la communauté internationale à ses efforts pour mettre fin à ce conflit.

Comment est-il possible que nous nous refusions encore la possibilité de vivre en paix ; que nous soyons toujours habitués à la peur et que nous fermions la porte à l'espoir, au droit, à la responsabilité et à l'obligation morale de vivre en harmonie ? Ce qui s'impose, c'est que l'unité nationale, tellement décriée, devienne une réalité et que les consensus mènent le navire de la réconciliation à bon port.

Je crois en cette Colombie, parce que je l'ai perçue et vécue peu à peu. Et je me réfugie dans l'espérance et la bonne foi pour croire que ces voies commencent à s'ouvrir lentement. L'éloquence des mots des victimes de l'horreur de mon père, par exemple ceux de Francisco Santos, ancien vice-président de Colombie, qui a vécu une séquestration scabreuse de 242 jours passés enchaîné à un lit, en 1991. Dans un entretien concédé le 18 septembre 2016 au journaliste américain John Otis pour la National Public Radio, NPR, Santos faisait la réflexion suivante : « Quand ils ont tué Pablo, Marroquín était un enfant de seize ans avec une grande charge à porter pour le restant de ses jours. Une charge dont il n'est pas responsable. Il veut aller de l'avant. On ne voit pas souvent des exemples comme celui-là. Au contraire, on voit des proches de criminels justifier ces crimes, et les raisons qui les ont poussés à les commettre. Mais pas lui. »